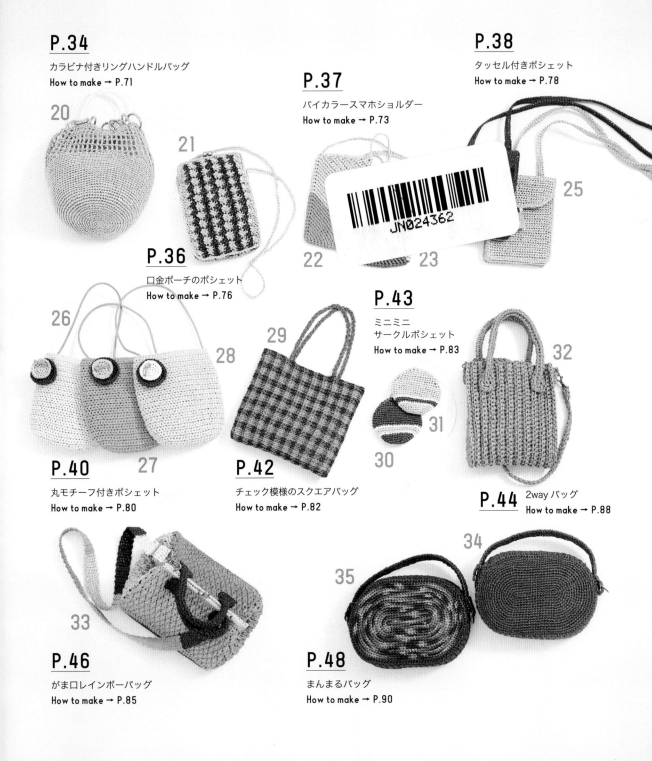

＊本書の作品は、ハマナカエコアンダリヤを使用しています。
　糸をはじめとする掲載材料の表示内容は 2023年2月のものです。
＊印刷物のため、作品の色が現物と異なる場合があります。ご了承ください。

Message

『エコアンダリヤ』とは、木材パルプを原料とする再生繊維で、土に還るエコな素材。
本書ではカラフルな糸を使った、小さめなバッグを提案します。
「小さめ」に限定したのは、スマートフォンの進化によって女性の持ち物が減ったから。
「カラフル」にしたのは、シンプルなコーディネートの差し色として映えるから。
そして何より、小さくてカラフルなものはかわいいから。
バッグを持つというよりも、アクセサリーを身に付けるような感覚で
いつもより身軽に、ラフに、お出かけを楽しみましょう。

02

アラン模様のサコッシュ How to make → P.52　Design／高際有希

03

04 方眼編みのポシェット
How to make → **P.54** Design／KiiTEEKiiTEEKiiTEE

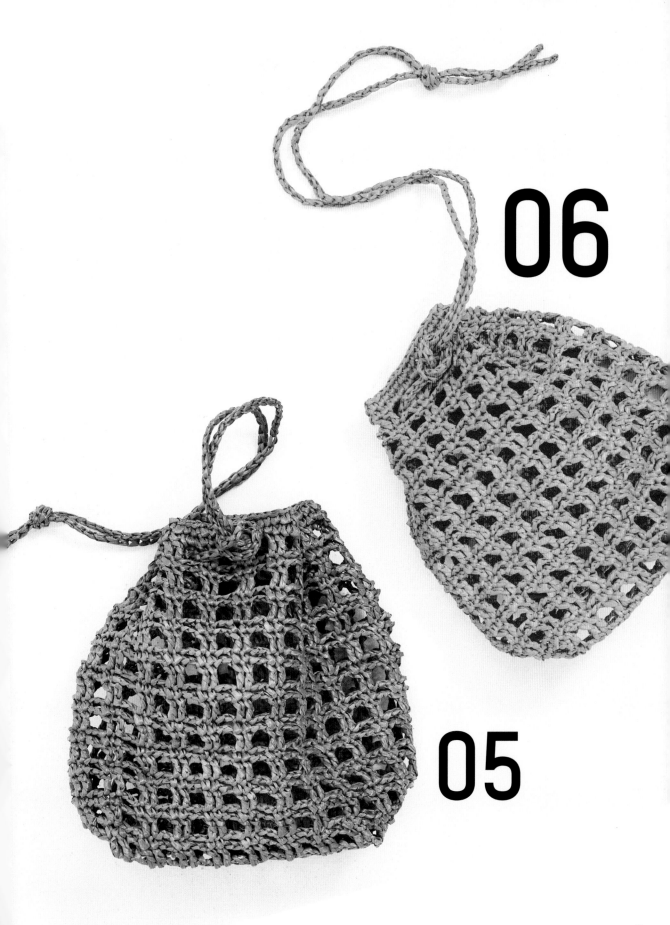

06

05

フリル巾着バッグ How to make → P.56 Design／高際有希

07

08

ラウンドショルダーバッグ
How to make → P.60　Design／Miya

09

四角いバッグ

10

How to make → P.53　Design／ミドリノクマ

How to make → P.64　Design／Miya

ワンピースのエスニック巾着バッグ

11

※衣装はスタッフ私物

メキシカンモチーフのワンハンドルバッグ **12**

How to make → P.66 Design／小鳥山いん子

※衣装はスタッフ私物

13

花模様のワンハンドルバッグ How to make → P.68 Design／KiiTEEKiiTEEKiiTEE

14

15 ペタンコネットバッグ How to make → P.62　Design／高際有希

模様編みの巾着バッグ How to make → P.63　Design／ミドリノクマ 16

17

18

方眼編みのランチトートバッグ How to make → **P.70** Design／Riko リボン

フリルのリングハンドルバッグ How to make→P.74 Design/ Riko リボン

19

20

カラビナ付きリングハンドルバッグ How to make → **P.71** Design／Riko リボン

21

口金ポーチのポシェット How to make → P.76 Design／ミドリノクマ

バイカラースマホショルダー How to make → P.73 Design／ミドリノクマ

22

23

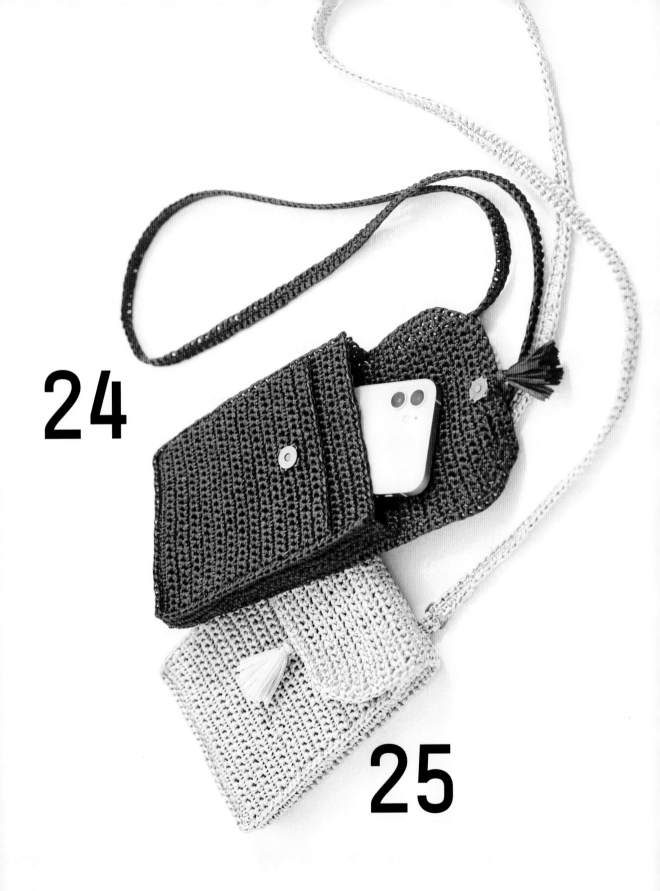

24

25

タッセル付きポシェット How to make → P.78 Design／blanco

26

28

27

丸モチーフ付きポシェット How to make → P.80　Design／Riko リボン

チェック模様のスクエアバッグ How to make → P.82 Design／blanco

29

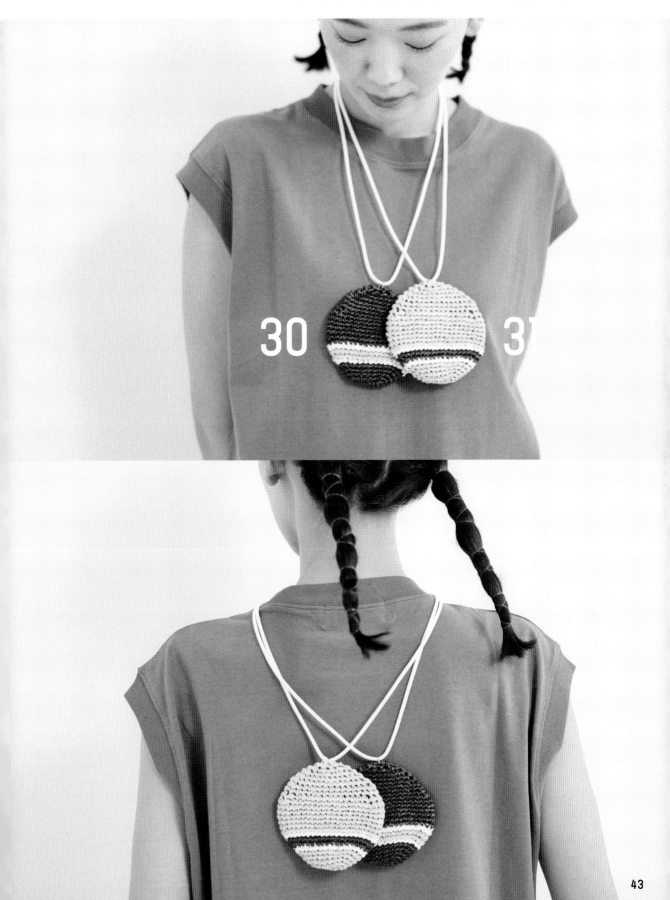

2way バッグ

32

How to make → P.88　Design／blanco

33

がま口レインボーバッグ How to make → P.85 Design／小鳥山いん子

46

34

まんまるバッグ How to make → P.90 Design／小鳥山いん子

35

ワンハンドルメッシュバッグ

底からハンドルまで一気に編むシンプル仕様。入れ口が広いので、マチの広い荷物や不安定な形のものでもすっぽり安定させて収納できます。

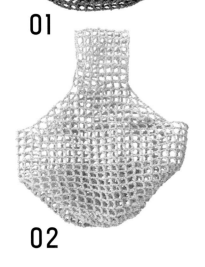

01

02

[使用糸] ハマナカ エコアンダリヤ
   01/グリーン（17）65g
   02/ピンク（32）65g
[使用針] かぎ針6/0号、とじ針
[ゲージ] 模様編み7模様9段＝10cm
[サイズ] 図A参照

[作り方]
糸は1本取りで編みます。
①本体を編む。くさり編み43目で作り目をし、底を7段編み、続けて側面を22段目まで編む。
②持ち手を編む。23段目に糸を付け、49段目まで編む。
③49段目を持ち手はぎ合わせ位置に合わせ、本体にはぎ合わせる（図A参照）。

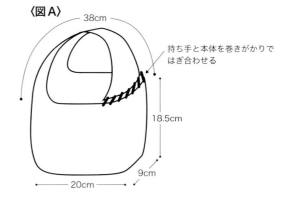

〈図A〉

38cm

持ち手と本体を巻きがかりではぎ合わせる

18.5cm

9cm

20cm

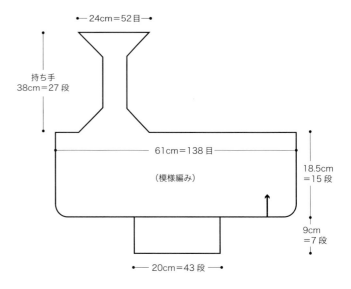

24cm＝52目

持ち手
38cm＝27段

61cm＝138目

（模様編み）

18.5cm
＝15段

9cm
＝7段

20cm＝43段

※編み記号表はP.93〜95参照

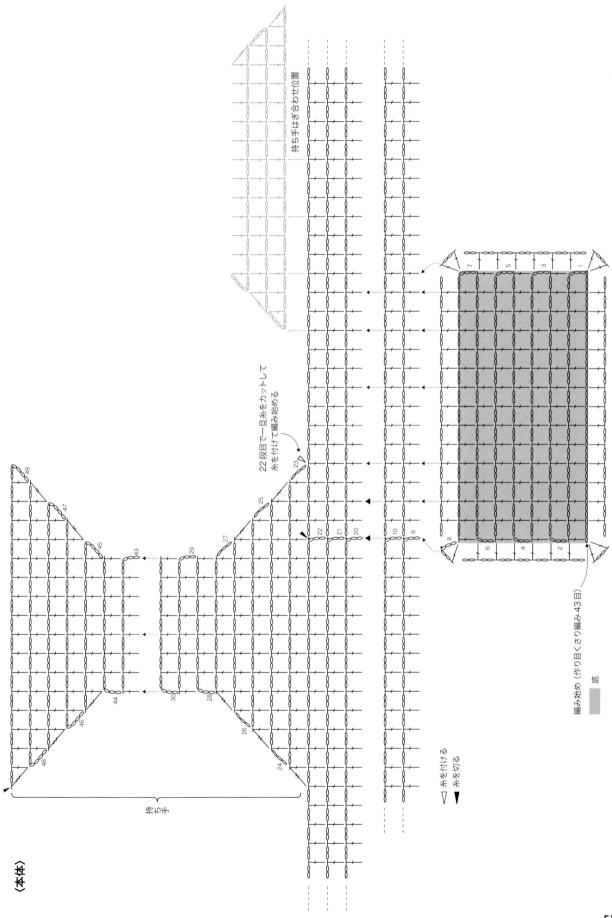

〈本体〉

持ち手は合わせ位置

22段目で一旦糸をカットして
糸を付けて編み始める

編み始め（作り目〈さり編み43目）
底

▽ 糸を付ける
▼ 糸を切る

持ち手

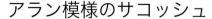

アラン模様のサコッシュ

P.8

かぎ針で編む立体的なアラン模様がポイント。横型なので、スマートフォンや小さめの財布など、きれいに並べて入れることができます。

03

[使用糸] ハマナカエコアンダリヤ
　　　　ライムイエロー(19) 60g
[使用針] かぎ針6/0号、とじ針、縫い針
[その他] ファスナー(黄 20cm)1本、縫い糸(黄)
[ゲージ] 模様編み18目20段=10cm
[サイズ] 図A参照

[作り方]
糸は1本取りで編みます。
①本体を編む。くさり編み39目で作り目をし、増し目をして1段編む。2段目からは模様編みで21目まで編み、22段目は引き抜きで編む。
②ファスナーを付ける。縫い針と縫い糸を使って、本体上の口部分に縫い付ける(図A参照)。
③糸2本取りで紐を編む。スレッドコードを130cn編む(スレッドコードの編み方P.54参照)。紐の両端にフリンジを付ける(フリンジの付け方参照)。
④紐を付ける。図Aを参照し、紐付け位置に縫い付ける。

〈本体〉

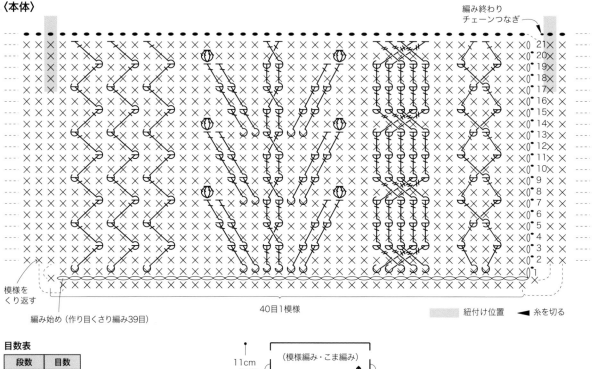

編み終わり
チェーンつなぎ

模様を
くり返す

編み始め(作り目くさり編み39目)

40目1模様

紐付け位置　◀ 糸を切る

目数表

段数	目数
1～22	80目
作り目	39目

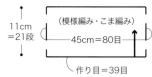

11cm
=21段

(模様編み・こま編み)
45cm=80目

作り目=39目

〈フリンジの付け方〉

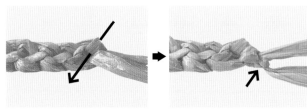

20cmにカットした糸2本を紐の端
の目に通す。

固結びする。反対側も同様。

紐(スレッドコード 130cm)

〈図A〉

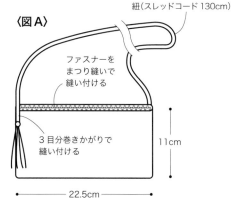

ファスナーを
まつり縫いで
縫い付ける

3目分巻きかがりで
縫い付ける

11cm

22.5cm

四角いバッグ

10

マチを後からとじ付ける、工作のように組み立てるユニークなバッグ。マチを広げると、四角いボックスや文庫本などもすっぽり入ります。

[使用糸] ハマナカ エコアンダリヤ
　　　　　グリーン(17) 99g、オフホワイト(168) 8g
[使用針] かぎ針6/0号
[ゲージ] こま編み18目17.5段=10cm
[サイズ] 図A参照

[作り方]
糸は1本取りで編みます。
①本体を編む。くさり編み26目で作り目をし、52段

目まで編む。作り目から目を拾い、反対側も同様に編む。
②マチを編む。くさり編み27目で作り目をし、26段目まで編む。
③縁編みを編む。本体、マチのA、Bから目を拾い、こま編みで編む。反対側も同様に編む。
④持ち手部分を編む。本体から目を拾い、こま編みで編む。
⑤スチームアイロンでマチの形を整える。

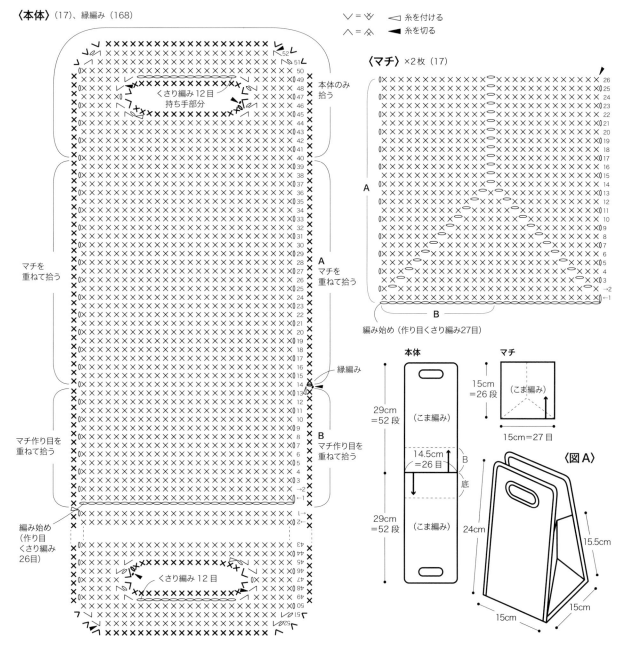

〈本体〉(17)、縁編み (168)

∨ = ⋎　◁ 糸を付ける
∧ = ⋏　◀ 糸を切る

くさり編み 12目
持ち手部分

本体のみ拾う

マチを重ねて拾う

マチ作り目を重ねて拾う

編み始め(作り目くさり編み26目)

A マチを重ねて拾う

B マチ作り目を重ねて拾う

縁編み

くさり編み 12目

〈マチ〉×2枚 (17)

A

B

編み始め(作り目くさり編み27目)

本体
29cm=52段 (こま編み)
14.5cm=26目
29cm=52段 (こま編み)
B
底

マチ
15cm=26段 (こま編み)
15cm=27目

〈図A〉
24cm
15.5cm
15cm
15cm

方眼編みのポシェット

P.10

ショルダー紐と一体型の巾着型ポシェット。減らし目や増し目のない簡単な編み方なので、コーディネートに合わせてお好みの色で作ってみましょう。

04

05

06

[使用糸] ハマナカ エコアンダリヤ《ミックスカラー》
　　　　04/パステルグリーン系(261) 65g
　　　　ハマナカ エコアンダリヤ
　　　　05/ブルーグリーン(63) 65g
　　　　06/キャンディピンク(46) 65g
[使用針] かぎ針6/0号、とじ針
[ゲージ] 模様編み5模様11段=10cm
[サイズ] 図A参照

[作り方]
糸は1本取りで編みます。
①本体を編む。くさり編み30目で作り目をし、底を9段編み、続けて側面を32段目まで編む。
②紐を編む。スレッドコードを130cm編む。紐通し位置に通し、コードの両端を結ぶ(スレッドコードの編み方参照)。

〈スレッドコードの編み方〉

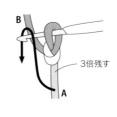
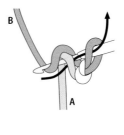
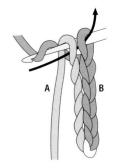

B　3倍残す　A
B　A
A　B

❶糸端(A)を、完成の3倍程度(約390cm)の長さを残してくさり編みを1目編む。Aを手前から向こう側にかける。

❷Bを針にかけて引き抜く。

❸❷をくり返し、指定の長さまで編む。

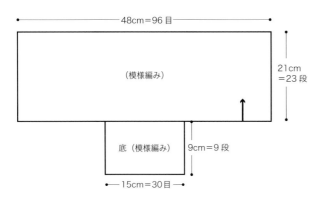

48cm=96目

(模様編み)

21cm
=23段

底(模様編み)　9cm=9段

15cm=30目

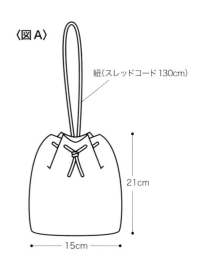

〈図A〉

紐(スレッドコード130cm)

21cm

15cm

〈本体〉

紐通し位置

■ 紐通し位置

▼ 糸を切る

32
31

30
29
28

24
23

17
16
15
14
13
12
11

10

9
8
7
6
5
4
3
2
1

■ 底

編み始め
（作り目くさり編み30目）

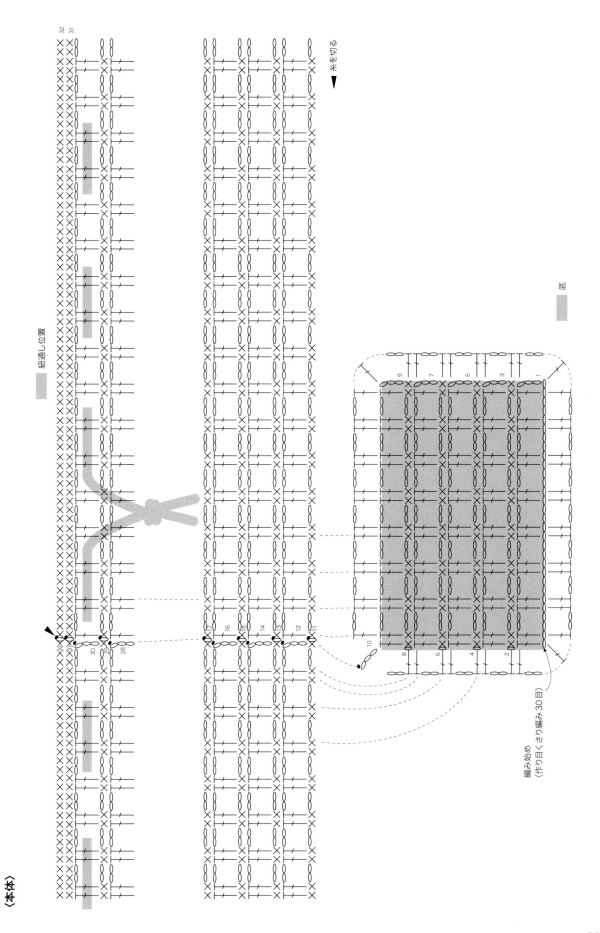

55

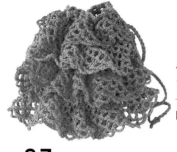

フリル巾着バッグ

P.12

ベースとなる底の丸い巾着を作り、その上に濃淡の異なるフリルを4段編み付けます。
フリルの色を変えて、違う雰囲気を楽しむのもおすすめです。

07

[使用糸] ハマナカ エコアンダリヤ
キャンディピンク(46) 40g、
レトロピンク(71) 100g
[使用針] かぎ針6/0号、とじ針
[ゲージ] 模様編み18目18段=10cm
[サイズ] 図A参照

[作り方]
糸は1本取りで編みます。
①本体を編む。底はわの作り目にこま編みを6目編み入れ、増し目をしながら11段編む。側面は41段目まで編む。
②フリルを編み付ける。本体の天地を返し、指定の位置にネット編みでフリルを編む。
③紐を編む。(46)(71)各1本の2本取りで紐を編み、40段目に通し結ぶ(紐通し位置参照)。

フリル A (71)
フリル B (46)

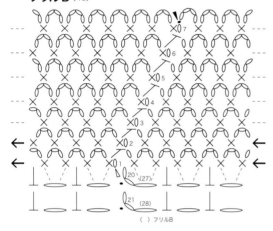

( ) フリルB

フリル D (46)

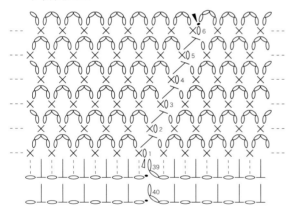

フリル C (71)

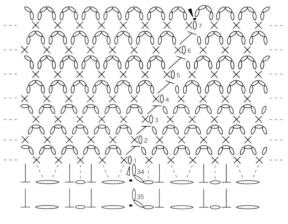

◁ 糸を付ける
◀ 糸を切る

〈紐〉×1本 (46)、(71) の2本取り

← 130cm →
くさり200目

〈図A〉

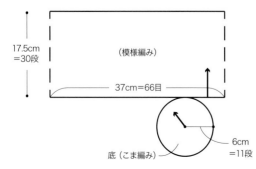

17.5cm
=30段

(模様編み)

37cm=66目

底 (こま編み)

6cm
=11段

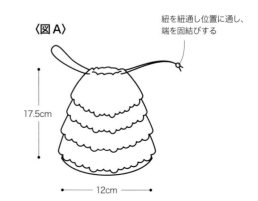

紐を紐通し位置に通し、
端を固結びする

17.5cm

← 12cm →

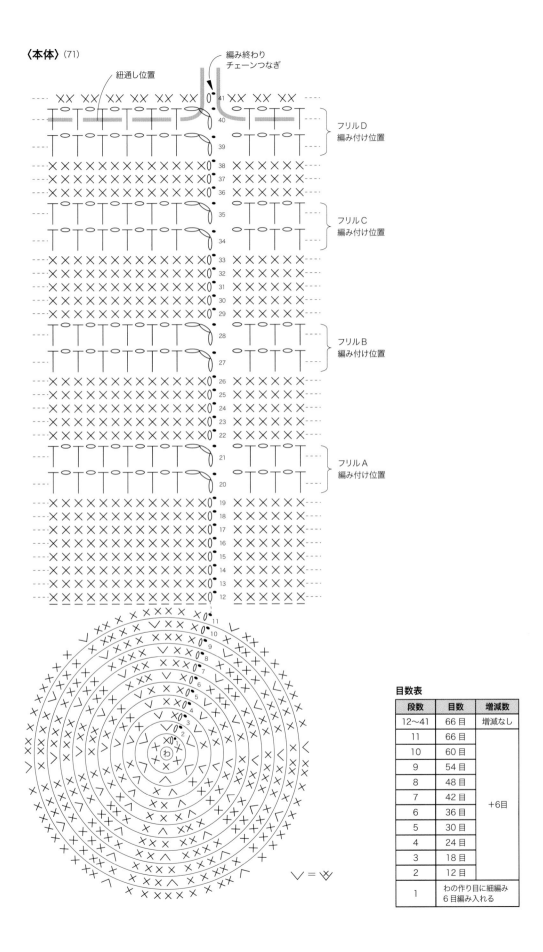

〈本体〉(71)

紐通し位置

編み終わり
チェーンつなぎ

41
40 } フリルD 編み付け位置
39

38
37
36

35
34 } フリルC 編み付け位置

33
32
31
30
29

28
27 } フリルB 編み付け位置

26
25
24
23
22

21
20 } フリルA 編み付け位置

19
18
17
16
15
14
13
12

11
10
9
8
7
6
5
4
3
2
わ

∨ = ∜

目数表

段数	目数	増減数
12〜41	66目	増減なし
11	66目	+6目
10	60目	
9	54目	
8	48目	
7	42目	
6	36目	
5	30目	
4	24目	
3	18目	
2	12目	
1	わの作り目に細編み6目編み入れる	

プリーツバッグ

P.14

中長編みと中長編みのすじ編みでプリーツ状に仕上げています。
アイロンとエコアンダリヤ専用のスプレーのりで仕上げれば、しっかり折り目がつきます。

08

[使用糸] ハマナカ エコアンダリヤ
　　　　 ブルー（20）150g、白（1）5g
[使用針] かぎ針5/0号、とじ針、縫い針
[その他] ボタン（直径2.3cm）2個、ワックスコード
　　　　 （白 3mm）140cm、縫い糸（白）、
　　　　 エコアンダリヤ専用スプレーのり
[ゲージ] 模様編み20目14段＝10cm
[サイズ] 図C参照

[作り方]
糸は1本取りで編みます。
①本体を編む。くさり編み100目で作り目をし、往復
　編みで48段編む。すじ編みは常に編み進む方向に
　対して向こう半目を拾って編む。

②持ち手を編む。くさり編み100目で作り目をし、往
　復編みで3段編み、糸を変えて縁編みをする。
③折り目を付ける。本体をジグザグに折り（図A参照）、
　スチームアイロンをかけてプリーツに折り目をつ
　ける。スプレーのりを編み地にスプレーし、プリー
　ツを固定する。
④本体を底で外表に二つ折りにして、両脇を巻きかが
　りで縫い合わせる（図B参照）。
⑤④を裏表に返す。
⑥本体の両脇にボタンを縫いつけ、持ち手のボタン
　ホールに通す（ボタン縫い付け位置参照）。
⑦ワックスコードを70cm×2本にカットし、それぞれ
　左右から紐通し穴に通し、糸端同士をひと結びする。

〈本体〉(20)

紐通し穴

編み始め（作り目くさり編み100目）

〈持ち手〉(20)、縁編み（1）

ボタンホール

編み始め（作り目くさり編み100目）

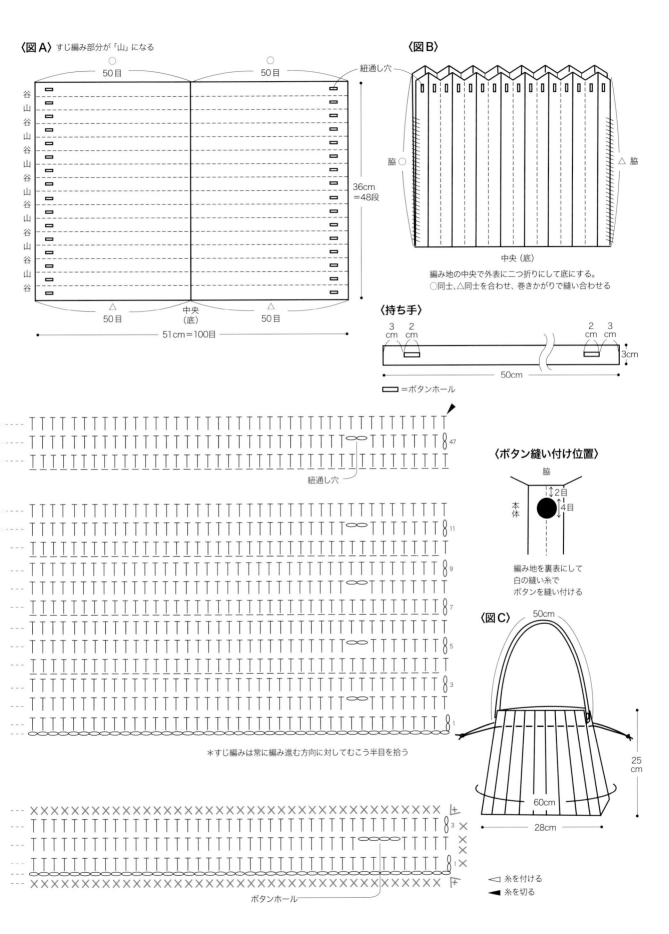

〈図A〉すじ編み部分が「山」になる

50目　　　　　　　　50目

谷
山
谷
山
谷
山
谷
山
谷
山
谷
山
谷
山
谷
山
谷
山
谷
山
谷

紐通し穴

36cm
=48段

△　　　中央　　　△
50目　　　（底）　　50目

51cm＝100目

〈図B〉

紐通し穴

脇　　　　　　　　　　　　　　　　　△脇

中央（底）

編み地の中央で外表に二つ折りにして底にする。
○同士、△同士を合わせ、巻きかがりで縫い合わせる

〈持ち手〉

3　2　　　　　　　　　　2　3
cm　cm　　　　　　　　cm　cm
　　　　　　　　　　　　　　　　　3cm
　　　　　　50cm

▭＝ボタンホール

47

紐通し穴

〈ボタン縫い付け位置〉

脇

本
体

↕2目
4目

編み地を裏表にして
白の縫い糸で
ボタンを縫い付ける

11

9

7

5

3

1

＊すじ編みは常に編み進む方向に対してむこう半目を拾う

〈図C〉

50cm

25
cm

60cm

28cm

3

1

ボタンホール

▷―糸を付ける
◀―糸を切る

59

ラウンドショルダーバッグ

ゴールドの金具とチェーンショルダーが目を引く、円柱型バッグ。
模様編みと白い糸の縁編みで夏らしさを演出しています。

09

[使用糸] ハマナカ エコアンダリヤ
ブルーグリーン(63) 120g、白(1) 20g
[使用針] かぎ針5/0号、とじ針
[その他] カニカン付きチェーン(ゴールド 120cm)、
Dカン(ゴールド 12mm)2個、
留め具・楕円ひねり(ゴールド)1組
[ゲージ] 模様編み20目10段=10cm
[サイズ] 図A参照

[作り方]
糸は1本取りで編みます。
①本体を編む。(1)の糸でくさり編み90目で作り目を
し、1段目のこま編みを編む。2段目からは糸を(63)

に変え、往復編みで模様編みを19段目まで編む(本体
の模様編みの編み方参照)。糸を(1)に変えて20
段目を編み、縁編みを編む。
②側面を編む。わの作り目にこま編み7目を編み入れ、
編み図のとおりに10段目まで編む。これを4枚編む。
③②を外表に2枚ずつ重ね合わせ、10段目の頭目を2
枚分一緒に拾って縁編みを編む。残り糸を1m残し
てカットする。
④本体と側面を指定の位置で巻きかがりで縫い合わ
せ、本体に留め具を取り付ける(ひねり金具取り付
け位置参照)。
⑤側面にDカンを(63)で縫い付け(Dカン取り付け位
置参照)、チェーンを付ける(図A参照)。

〈本体の模様編みの編み方 2段目〜〉
＊わかりやすくするために、糸の色を変えています

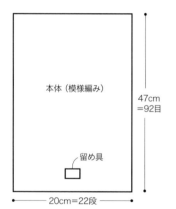

本体(模様編み)
47cm
=92目

留め具

20cm=22段

5.5cm
=10段

側面(こま編み)

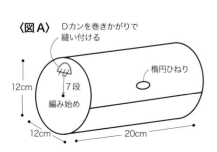

〈図A〉
Dカンを巻きかがりで
縫い付ける

楕円ひねり

12cm

7段

編み始め

12cm   20cm

1 1段目が編み終わり、2段目の
立ち上がりのくさり2目を編
んだところ。

2 針に糸をかけ、立ち上がりの
くさりをすくい、未完成の中
長編みを編む。

3 続けて針に糸をかけ、前段の
目を拾い、未完成の中長編み
を編む。

4 針に糸をかけ、矢印の方向に
引き抜く。

5 中長編み2目一度が編めたと
ころ。

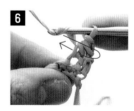

6 続けて、針に糸をかけ、**5**の中
長編みの柱を束にすくい、未
完成の中長編みを編む。

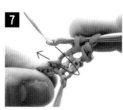

7 さらに針に糸をかけ前段の目
を拾い、中長編み2目一度を
編む。

8 中長編み2目一度が編めたと
ころ。

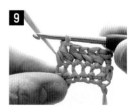

9 **6**〜**8**をくり返す。

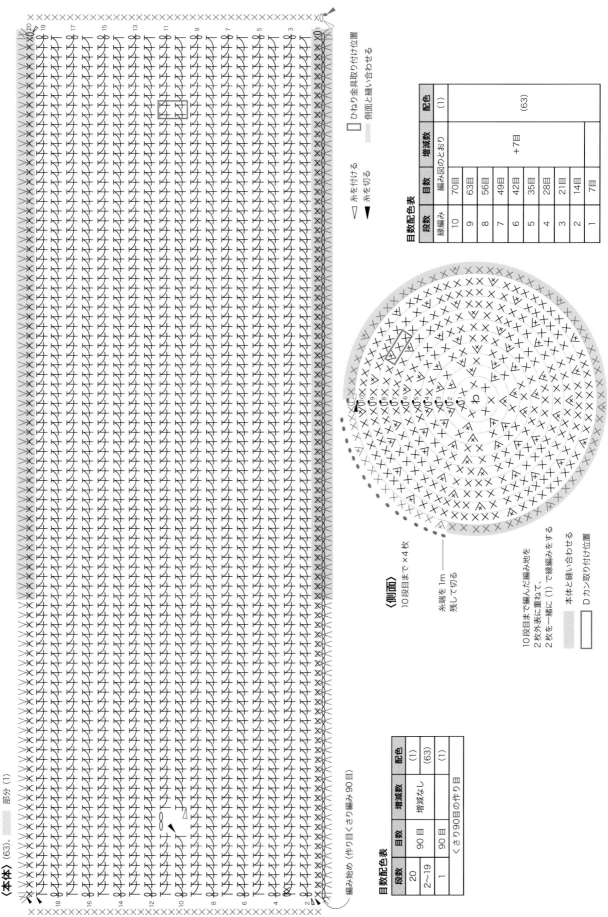

〈本体〉(63)、 部分 (1)

目数配色表

段数	目数	増減数	配色
20	90目	増減なし	(1)
2〜19	90目		(63)
1	90目		(1)
	くさり90目の作り目		

⊂ 糸を付ける
◀ 糸を切る

□ ひねり金具取り付け位置
▨ 側面と縫い合わせ

〈側面〉
10段目まで×4枚

糸端を1m
残して切る

10段目まで編んだ編み地を
2枚外表に重ねて、
2枚を一緒に (1) で縁編みをする

▨ 本体と縫い合わせ

□ Dカン取り付け位置

目数配色表

段数	目数	増減数	配色
縁編み			(1)
10	70目		
9	63目		(63)
8	56目		
7	49目		
6	42目	編み図のとおり +7目	
5	35目		
4	28目		
3	21目		
2	14目		
1	7目		

61

14

15

ペタンコネットバッグ

A5サイズの本やノートがすっぽり収まるコンパクトサイズ。
シンプルな形の明るい配色に仕上げることで、コーディネートの差し色としても重宝します。

[使用糸] ハマナカエコアンダリヤ
　　　　　14/オレンジ(98) 65g
　　　　　15/キャンディピンク(46) 65g
[使用針] かぎ針6/0号、とじ針
[ゲージ] 模様編み19目10段=10cm
[サイズ] 図A参照

[作り方]
糸は1本取りで編みます。
①本体を編む。くさり編み36目で作り目をし、増し目をして1段編む。2段目からは模様編みで24目まで編み、こま編みで27段目の途中まで編む。
②持ち手を編む。27段目の途中からくさり編みで40目編み、糸を付けて往復編みでこま編みを3段編む。
③持ち手の端をとじ針で本体に縫い付ける(図A参照)。

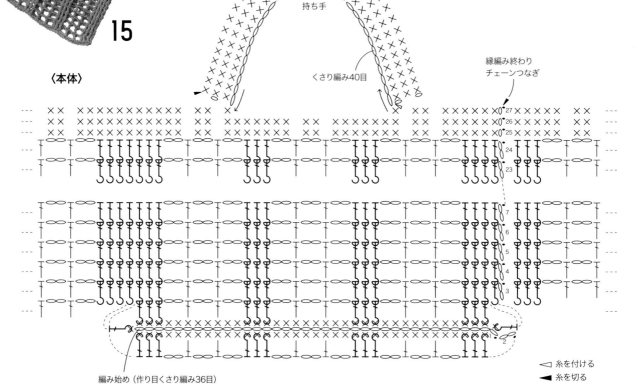

〈本体〉

持ち手

くさり編み40目

縁編み終わり
チェーンつなぎ

編み始め (作り目くさり編み36目)

◁ 糸を付ける
◀ 糸を切る

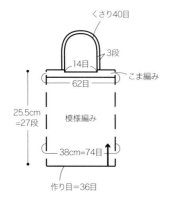

くさり40目

14目

3段

62目

こま編み

25.5cm
=27段

模様編み

38cm=74目

作り目=36目

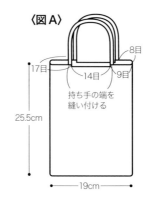

〈図A〉

17目

14目

9目

8目

持ち手の端を
縫い付ける

25.5cm

19cm

目数表

段数	目数
27	114目
25.26	62目
1〜24	74目
作り目	36目

模様編みの巾着バッグ

長編みとくさり編みだけで編んだきれいな模様が特徴。
まっすぐ編んだ後に底部分をとじ合わせる、初心者もチャレンジしやすい作り方です。

16

[使用糸] ハマナカ エコアンダリヤ
　　　　レモンイエロー(11) 77g
[使用針] かぎ針6/0号
[ゲージ] 模様編み20.5目6段=10cm
[サイズ] 図A参照

[作り方]
糸は1本取りで編みます。
①本体を編む。くさり編み49目で作り目をし、模様編
　みで32段目まで編む。
②作り目と最終段を巻きかがり、編み地の向きを変え、
　底をこま編みとじする(組み立て方参照)。
③縁編みを編む(組み立て方参照)。
④紐を編む。紐を紐通し位置に通し、端を結ぶ(組み
　立て方参照)。

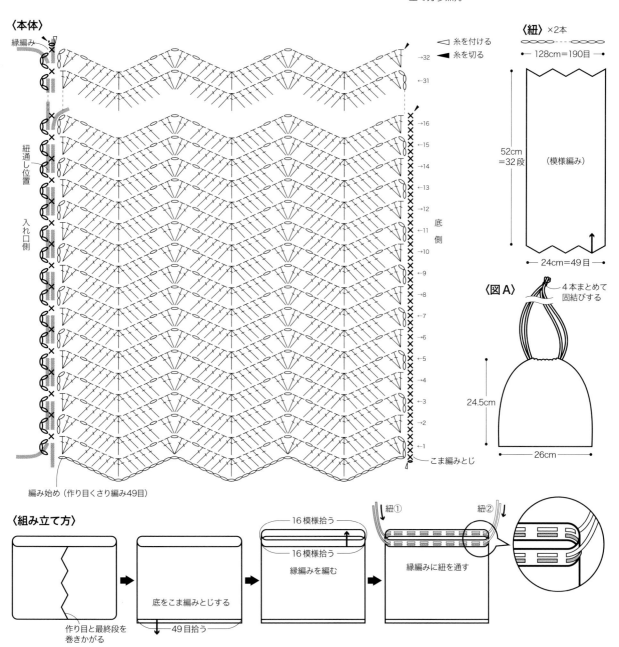

〈本体〉

縁編み

□> 糸を付ける
◀ 糸を切る

→32
←31

→16
←15
→14
←13
→12
←11
→10
←9
→8
←7
→6
←5
→4
←3
→2
←1

紐通し位置

入れ口側

底側

こま編みとじ

編み始め (作り目くさり編み49目)

〈紐〉×2本
←─ 128cm=190目 ─→

52cm
=32段　(模様編み)

←─ 24cm=49目 ─→

〈図A〉
4本まとめて
固結びする

24.5cm

26cm

〈組み立て方〉

作り目と最終段を
巻きかがる

底をこま編みとじする
←49目拾う→

16模様拾う
16模様拾う
縁編みを編む

紐①　　紐②
縁編みに紐を通す

ウッドビーズのエスニック巾着バッグ

本体をぐるりと囲む、カラフルなウッドビーズがアクセント。
ナチュラルテイストからエスニック風な装いまで、コーディネートの幅が広がるデザインです。

11

[使用糸] ハマナカ エコアンダリヤ
　　　　サンドベージュ(169) 125g
[使用針] かぎ針5/0号、とじ針
[その他] ウッドビーズ(10mm)
　　　　7色×各8個(色はビーズの順番表参照)、
　　　　ワックスコード(5mm 赤)150cm

[ゲージ] こま編み13目10段=5cm(底部分)、
　　　　長編み10目5段=5cm(側面)
[サイズ] 図A参照

[作り方]
糸は1本取りで編みます。
①本体を編む。わの作り目にこま編み7目を編み入れ、
　増し目をしながら16段目まで編む。スチームアイ
　ロンをかけて、編み地を整える。17段目からは模
　様編みで26段目まで編む。
②ウッドビーズを編み込む。27段目を編む前にウッ
　ドビーズ28個を糸に通し、27段目を編む。ビーズ
　を編み込みながら28段目を編み、編み図のとおり
　に33段目まで編む(ビーズ編み込み方参照)。34段
　目を編む前にウッドビーズ28個を糸に通し、34段
　目を編む。ビーズを編み込みながら35段目を編み、
　編み図のとおりに50段目まで編む。
③スチームアイロンをかけて編み地を整える。
④46段目にワックスコードを8目ごとに通し(図A参
　照)、端同士をひと結びする。

〈ビーズの編み込み方　27段目・28段目〉(34・35段目も同様)
＊わかりやすくするために、ビーズの色を変えています

1 27段目を編む前に、糸にビーズを28個通す。

2 27段目を編み、28段目の立ち上がりのくさり編みを長めに編む。

3 27段目の立ち上がりのくさり編みを拾い、長編みの表引き上げ編みを編む。

4 続けてくさり編みを1目編む。

5 ビーズを1つたぐり寄せる。

6 ビーズを右側に寄せたまま、27段目のくさり編みにこま編みを編む。

7 ビーズの編み込みができたところ。続けてくさり編みを1目編み、くさり編みと長編みの表引き上げ編みを編む。

8 こま編みの手前でビーズを1つずつたぐり寄せて、**3**～**7**をくり返し、ビーズを編み込む。

〈図A〉8目ごとに紐を通す

8目　8目　8目

22cm

51cm

16cm

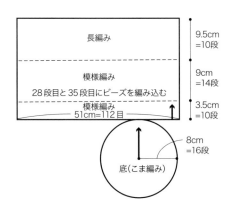

長編み　9.5cm=10段

模様編み　9cm=14段
28段目と35段目にビーズを編み込む

模様編み　3.5cm=10段
51cm=112目

底(こま編み)

8cm=16段

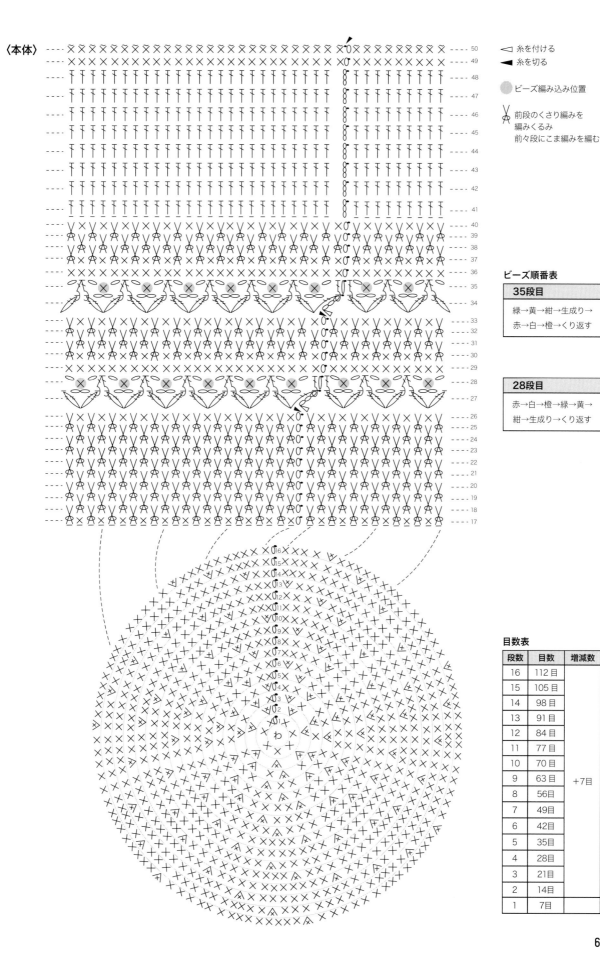

〈本体〉

◁ 糸を付ける

◀ 糸を切る

● ビーズ編み込み位置

✂ 前段のくさり編みを
編みくるみ
前々段にこま編みを編む

ビーズ順番表

35段目
緑→黄→紺→生成り→ 赤→白→橙→くり返す

28段目
赤→白→橙→緑→黄→ 紺→生成り→くり返す

目数表

段数	目数	増減数
16	112目	
15	105目	
14	98目	
13	91目	
12	84目	
11	77目	
10	70目	
9	63目	+7目
8	56目	
7	49目	
6	42目	
5	35目	
4	28目	
3	21目	
2	14目	
1	7目	

12 メキシカンモチーフのワンハンドルバッグ　P.22

シンプルなコーディネートのスパイスになる、パワフルなデザインのバッグです。
同じ配色のモチーフを、向きを変えて4枚繋げて立体的な模様に仕上げました。

[使用糸] ハマナカ エコアンダリヤ
　　　　水色(901) 60g、白(1) 25g、
　　　　レトロイエロー(69) 20g、
　　　　ライムイエロー(19) 25g、レッド(7) 10g

[使用針] かぎ針6/0号、とじ針

[ゲージ] モチーフ編み9.5cm×9.5cm

[サイズ] 図A参照

[作り方]
糸は1本取りで編みます。

①モチーフを編む。わの作り目にこま編み8目を編み
　入れ、編み図のとおりに10段目まで編む。これを8
　枚編む。

②モチーフをつなげ、続けて入れ口を編む(組み立て方、
　本体編み図参照)。

③持ち手を1枚編む。持ち手取り付け位置に、巻きか
　がりで縫い付ける。

④紐を2本編む。紐通し位置に、両わきからそれぞれ
　の紐を通し(本体編み図、図A参照)、糸端を結ぶ。

〈モチーフ〉×8枚

編み終わり
チェーンつなぎ

▷ 糸を付ける
◀ 糸を切る

┈┈┈ 矢印の先の目を続けて編む
←── 矢印の先の目に編む

長編み6目のパプコーン編み
3目ずつ前段のこま編みに
編み入れる

モチーフ配色表

段数	配色
9、10	(901)
8	(69)
7	(901)
6	(1)
5	(901)
4	(1)
1～3	(901)

〈組み立て方〉
❶モチーフ4枚を下記の図のように配置し、本体編み図のとおりに全目をこま編みでつなぐ。
❷モチーフの周りを縁編みする。これを2枚作る
❸❷を外表に合わせ、━の3片の全目を拾いこま編みではぐ。
❹入れ口を編む。

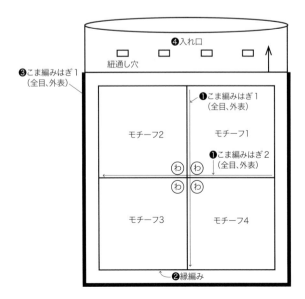

❹入れ口
紐通し穴
❸こま編みはぎ1
(全目、外表)

❶こま編みはぎ1
(全目、外表)
❶こま編みはぎ2
(全目、外表)

モチーフ2　モチーフ1
モチーフ3　モチーフ4

❷縁編み

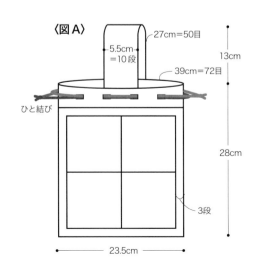

〈図A〉

27cm=50目
5.5cm=10段
ひと結び
39cm=72目
13cm
28cm
3段
23.5cm

66

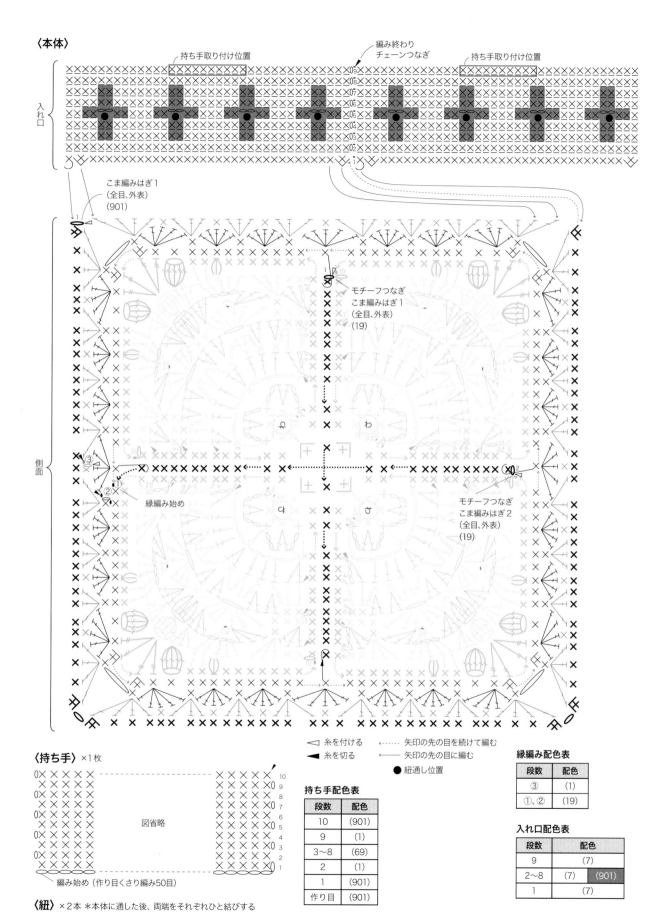

〈本体〉

入れ口
持ち手取り付け位置
編み終わり
チェーンつなぎ
持ち手取り付け位置

こま編みはぎ1
（全目、外表）
（901）

モチーフつなぎ
こま編みはぎ1
（全目、外表）
（19）

縁編み始め

モチーフつなぎ
こま編みはぎ2
（全目、外表）
（19）

側面

◁ 糸を付ける　　┄┄ 矢印の先の目を続けて編む
◀ 糸を切る　　　── 矢印の先の目に編む
● 紐通し位置

〈持ち手〉×1枚

図省略

編み始め（作り目くさり編み50目）

〈紐〉×2本 ＊本体に通した後、両端をそれぞれひと結びする

くさり編み100目（19）

持ち手配色表

段数	配色
10	（901）
9	（1）
3〜8	（69）
2	（1）
1	（901）
作り目	（901）

縁編み配色表

段数	配色
③	（1）
①、②	（19）

入れ口配色表

段数	配色	
9	（7）	
2〜8	（7）	（901）
1	（7）	

花模様のワンハンドルバッグ

P.24

長編みを7目編み入れて編み進めていくと、丸い花型模様のように仕上がります。
ピンクとオレンジのカラフルな配色が、夏のコーディネートにぴったりです。

13

[使用糸] ハマナカ エコアンダリヤ
　　　　オレンジ(98) 30g、
　　　　レトロピンク(71) 55g
[使用針] かぎ針6/0号、とじ針
[ゲージ] 模様編み3模様9段=10cm
[サイズ] 図A参照

[作り方]
糸は1本取りで編みます。
①本体を編む。わの作り目にこま編み8目を編み入れ、増し目をしながら12段編む。13段目からは模様編みで27段目まで編む。
②持ち手を編む。くさり編み4目の作り目をし、こま編みで57段編む。
③持ち手を付ける。編み始めと編み終わりを本体の対向にそれぞれ配置し、持ち手を(71)で縫い付ける(図A参照)。

〈持ち手〉(71)
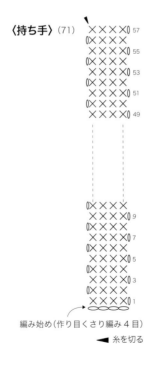
編み始め(作り目くさり編み4目)
◀ 糸を切る

〈図A〉

表にひびかないように
巻きかがりで縫い付ける
3.5cm
16cm
16cm

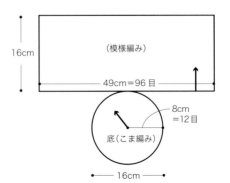
(模様編み)
16cm
49cm=96目
8cm
=12目
底(こま編み)
16cm

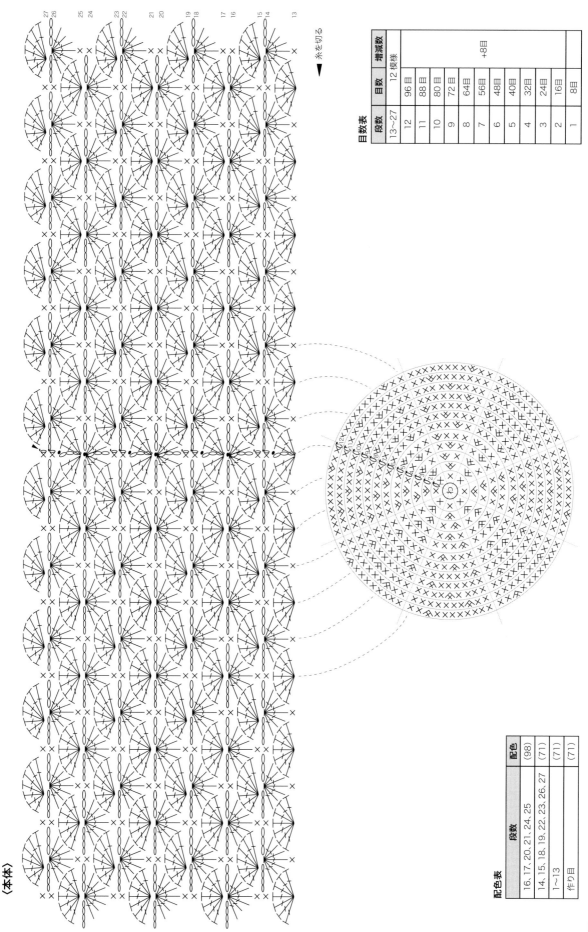

〈本体〉

▶ 糸を切る

目数表

段数	目数	増減数
13～27	12目模様	+8目
12	96目	
11	88目	
10	80目	
9	72目	
8	64目	
7	56目	
6	48目	
5	40目	
4	32目	
3	24目	
2	16目	
1	8目	

配色表

段数	配色
16.17.20.21.24.25	(98)
14.15.18.19.22.23.26.27	(71)
1～13	(71)
作り目	(71)

方眼編みのランチトートバッグ

お弁当箱と小さめのペット
ボトルが収まるサイズ。
どんなコーディネートにも
合わせやすいデイリー使いに
おすすめのベーシックな形です。

17

18

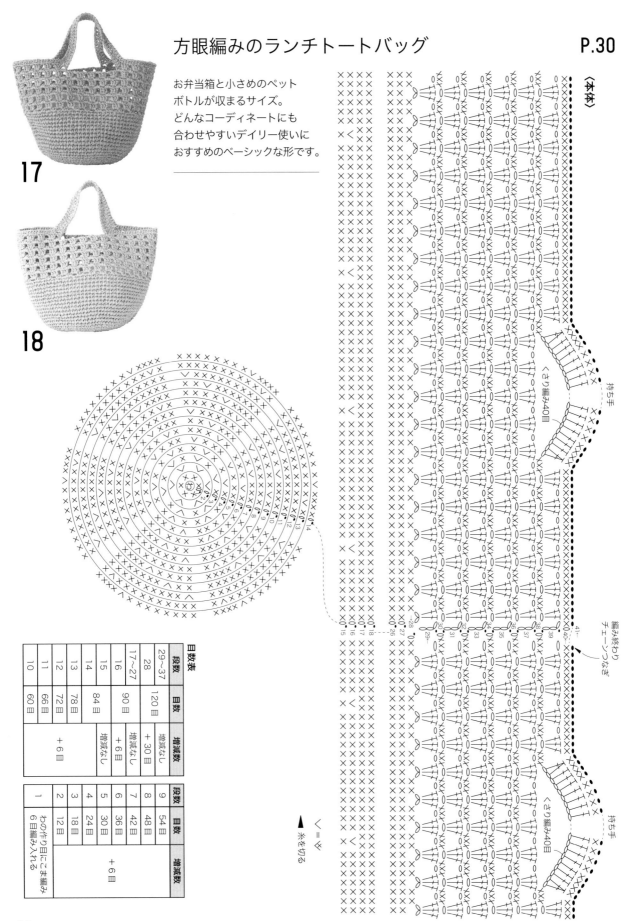

〈本体〉

くさり編み40目

持ち手

編み終わり
チェーンつなぎ

くさり編み40目

持ち手

× = 女

✓ 糸を切る

段数	目数	増減数
29～37	120目	増減なし
28		＋30目
17～27	90目	増減なし
16		＋6目
15	84目	増減なし
14		＋6目
13	78目	
12	72目	
11	66目	＋6目
10	60目	

目数表

段数	目数	増減数
9	54目	
8	48目	
7	42目	
6	36目	＋6目
5	30目	
4	24目	
3	18目	
2	12目	
1	6目	わの作り目にこま編み6目編み入れる

[使用糸] ハマナカ エコアンダリヤ
17/レトロピンク(71) 90g
18/ミント(902) 90g
[使用針] かぎ針5/0号、とじ針
[ゲージ] こま編み17目18段=10cm
[サイズ] 図A参照

[作り方]
糸は1本取りで編みます。
①本体を編む。わの作り目にこま編みを6目編み入れ、編み図のとおりに14段目まで編む。続けて、27段目まで編む。28段目から37段目までは、往復編みで模様編みを編む。
②持ち手部分を編む。38段目、39段目は往復編みで編み、40段目、41段目は、編み図のとおりに編む。

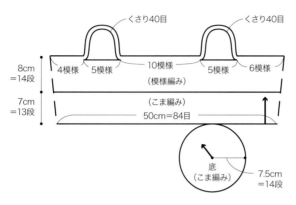

〈図A〉

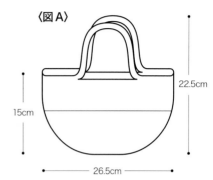

くさり40目　　くさり40目

8cm
=14段

7cm
=13段

4模様　5模様　10模様　5模様　6模様
（模様編み）

（こま編み）
50cm=84目

底
（こま編み）
7.5cm
=14段

22.5cm

15cm

26.5cm

カラビナ付きリングハンドルバッグ　　P.34

12個の丸型カラビナで、ハンドルとバッグ本体を繋げた個性的なバッグ。
入れ口が広がるので、物の出し入れがスムーズです。

20

[使用糸] ハマナカ エコアンダリヤ
プラチナ(174) 85g
[使用針] かぎ針5/0号、とじ針
[その他] チャームハンドル(H210-006-1 透明)1組、
丸型カラビナ(シルバー 直径42mm・内径32mm・線径5mm)12個
[ゲージ] こま編み17目18段=10cm
[サイズ] 図A参照

[作り方]
糸は1本取りで編みます。
①本体を編む。わの作り目にこま編みを6目編み入れ、編み図のとおりに14段目まで編む。続けて、35段目まで編む。36段目から46段目まで往復編みで編む。糸を付けて、1段目から9段目まで往復編みで編む。続けて、縁編みを編む(P.72本体編み図参照)。
②リング持ち手を取り付ける。本体の丸カラビナ通し位置に丸型カラビナを通す。リング持ち手にも、それぞれ6個ずつ、丸型カラビナを通す。

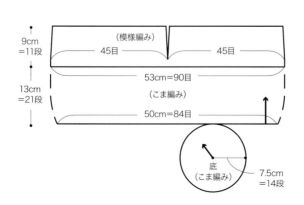

9cm
=11段

13cm
=21段

（模様編み）
45目　　45目
53cm=90目
（こま編み）
50cm=84目

底
（こま編み）
7.5cm
=14段

〈図A〉

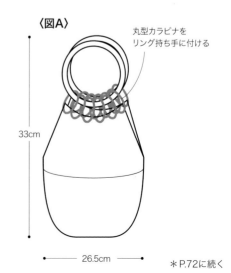

丸型カラビナを
リング持ち手に付ける

33cm

26.5cm

＊P.72に続く

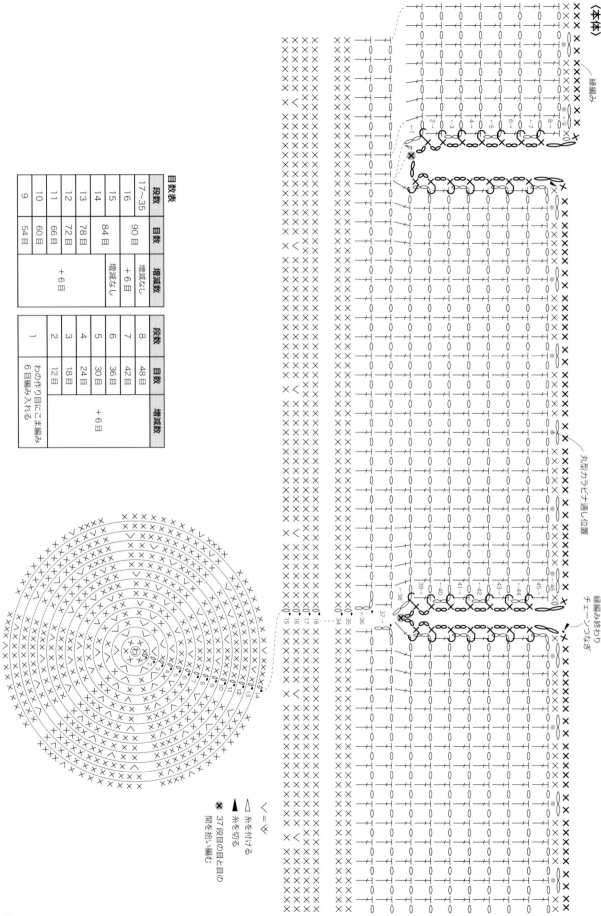

〈本体〉

縁編み

丸型カラビナ通し位置

縁編み終わり
チェーンつなぎ

目数表

段数	目数	増減数
17〜35		増減なし
16	90目	+6目
15	84目	増減なし
14		
13	78目	+6目
12	72目	
11	66目	
10	60目	
9	54目	

段数	目数	増減数
8	48目	+6目
7	42目	
6	36目	
5	30目	
4	24目	
3	18目	
2	12目	
1	わの作り目にこま編み6目編み入れる	

∨＝
◢ ＝糸を切る
△ ＝糸を付ける
✕ ＝37段目の目と目の間を拾い編む

72

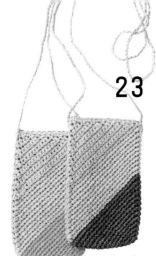

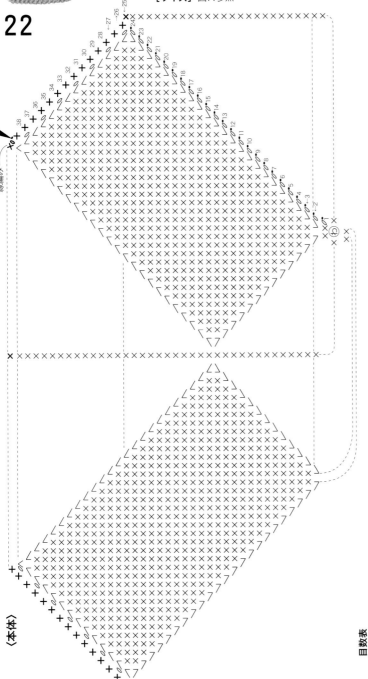

23

バイカラースマホショルダー

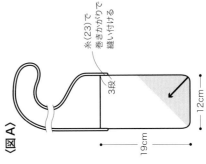

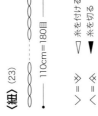

P.37

ボタンもファスナーもないデイリー使いしやすいシンプルな形。
こま編みとこま編みの往復編みで編み地に変化をつけています。

22

[使用糸] ハマナカ エコアンダリヤ
22/ベージュ(23) 28g
オレンジ(98) 12g
23/ベージュ(23) 28g
ブルーグリーン(63) 12g、
[使用針] かぎ針6/0号
[ゲージ] こま編み18目18段=10cm
[サイズ] 図A参照

[作り方]
糸は1本取りで編みます。
①本体を編む。わの作り目にこま編み6目を編み入れ、24段目まで編む。25段目から往復で編み、続けてこま編みで縁編みを編む。
②紐を編む。くさり編み180目編む。
③紐を付ける。本体の両サイドに縫い付ける(図A参照)。

〈図A〉
糸(23)で巻きかがりで縫い付ける
3段
12cm
19cm

〈紐〉(23)
110cm=180目
糸を付ける
糸を切る
∨＝×
＜＝⋏

縁編み
〈本体〉

目数表

段数	目数	増減数	配色 22(63) 23(98)
14	58目		
13	54目		
12	50目		
11	46目		
10	42目		
9	38目		
8	34目	+4目	
7	30目		
6	26目		
5	22目		
4	18目		
3	14目		
2	10目		
1	わの作り目にこま編み6目編み入れる		

段数	目数	増減数	配色 (23)
38	2目	-2目	
37	6目		
36	10目		
35	14目		
34	18目		
33	22目		
32	26目		
31	30目		
30	34目		
29	38目	-4目	
28	42目		
27	46目		
26	50目		
25	54目		
15~24	58目		図参照

フリルのリングハンドルバッグ

P.32

リングハンドルにフリルを編み付けたユニークなデザインのバッグ。
本体の内側に取り付けたナスカンとDカンを繋ぐと、バッグの形を変えられます。

19

[使用糸] ハマナカ エコアンダリヤ
　　　　 レモンイエロー(11) 150g

[使用針] かぎ針5/0号、とじ針

[その他] チャームハンドル(H210-006-1 透明)1組、
　　　　 ナスカン(ゴールド 尾内径19mm・
　　　　 縦41mm・幅19mm) 1個、
　　　　 Dカン(ゴールド 幅20mm)1個

[ゲージ] こま編み17目19段=10cm

[サイズ] 図A参照

[作り方]
糸は1本取りで編みます。

①リング持ち手を2本編む。リング持ち手を編みくる
　みながら、こま編みを85目編む。

②本体を編む。わの作り目にこま編みを6目編み入れ、
　編み図のとおりに往復編みで14段目まで編む。続
　けて、往復編みで42段目まで編む。糸を付けて、ⓐ、
　ⓑの順で1～6段目まで編む。

③リング持ち手を本体に付けながら縁を編む。ⓑの
　6段目から続けて縁を1段編む(太線)。この時、v部
　分(こま編み2目編み入れる)の目は、本体とリング
　持ち手の◎部分のこま編み(32目)を一緒に拾って
　編む。

④リング持ち手(2本)にフリルを編む。①でリング持
　ち手に編み付けた★部分のこま編み(53目)と、本
　体縁編みのリング持ち手のこま編み(32目)◎部分
　を一緒に編んだ目にフリルを2段編む。

⑤ナスカンとDカンを付ける。本体編み地の内側の
　ナスカン、Dカン取り付け位置に、それぞれ巻きが
　かりで縫い付ける(ナスカンとDカンの付け方参照)。

〈フリル〉
編み終わり
チェーンつなぎ

2→
1→

本体の縁編み　　　　　　　持ち手の★の目

∨=╳　◁ 糸を付ける
　　　◀ 糸を切る

〈リング持ち手〉×2本

53目=★

◁ 糸を付ける
◀ 糸を切る

リングにこま編み
85目を編み付ける

32目=◎

〈ナスカンとDカンの付け方〉

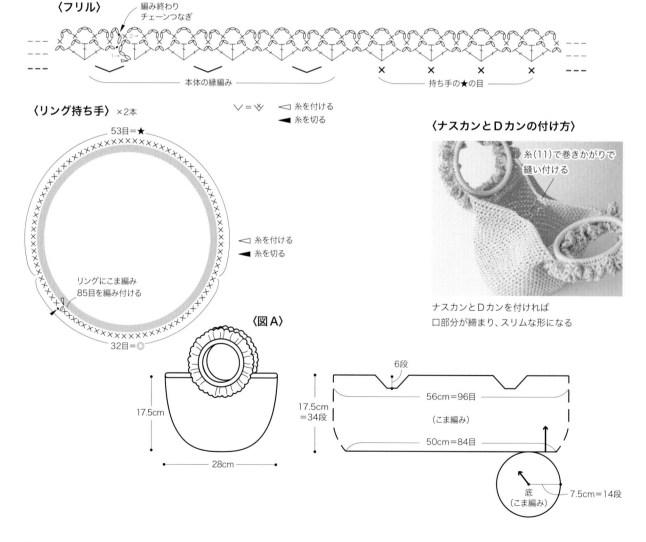

糸(11)で巻きかがりで
縫い付ける

ナスカンとDカンを付ければ
口部分が締まり、スリムな形になる

〈図A〉

17.5cm

28cm

6段

17.5cm
=34段

56cm=96目

(こま編み)

50cm=84目

底
(こま編み)

7.5cm=14段

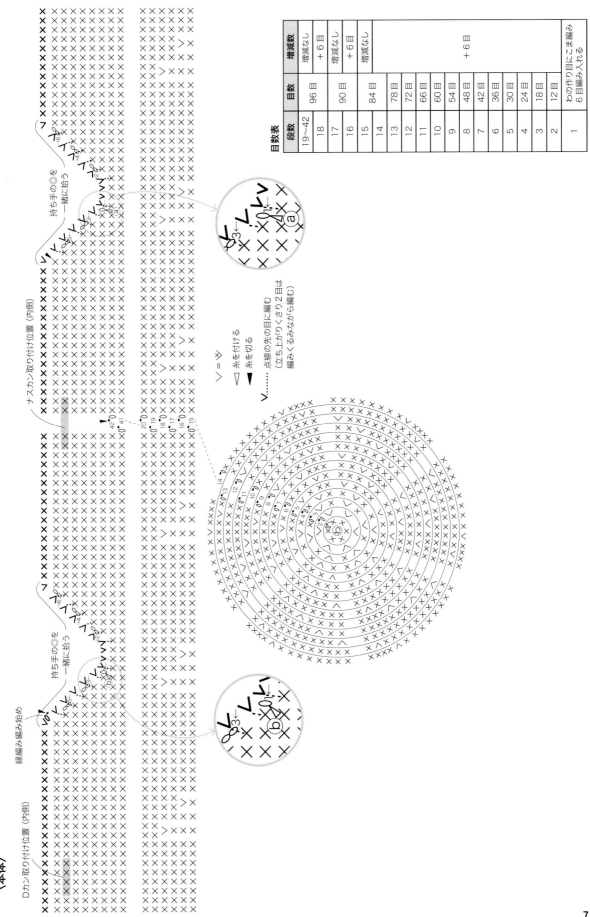

〈本体〉

Dカン取り付け位置（内側）

縁編み編み始め

持ち手の◎を一緒に拾う

ナスカン取り付け位置（内側）

持ち手の◎を一緒に拾う

Ｖ＝Ｖ

▷　糸を付ける

▶　糸を切る

Ｖ‥‥‥　点線の先の目に編む
（立ち上がりくさり2目は
編みくるみながら編む）

目数表

段数	目数	増減数
19~42	96目	増減なし
18	90目	＋6目
17	84目	増減なし
16	78目	＋6目
15	72目	増減なし
14	66目	＋6目
13	60目	
12	54目	
11	48目	
10	42目	
9	36目	
8	30目	
7	24目	
6	18目	
5	12目	
4		
3		
2		
1	わの作り目にこま編み6目編み入れる	

口金ポーチのポシェット

P.36

大きく開くがま口タイプ。側面と底に1.5cm程度のマチがあり、
財布やスマートフォンなどをきれいに収納することができます。

[使用糸] ハマナカ エコアンダリヤ
　　　　　プラチナ(174) 84g、
　　　　　マリンブルー(72) 74g
[使用針] かぎ針6/0号
[その他] ハマナカ編みつける口金
　　　　　(H207-021-4 くし形アンティーク)1組
[ゲージ] 模様編み21目8段=10cm
[サイズ] 図A参照

21

[作り方]
糸は1本取りで編みます。
①本体を編む。くさり編み46目で作り目をし、模様編
　みで11段目まで編む。
②マチを編む。くさり編み76目で作り目をし、長編み
　で編む。
③マチと口金を付ける。本体とマチを縁編みで編み、
　続けて口金を付ける。
　(口金の拾い方、口金の拾い位置参照)。
④紐を編む。スレッドコードを110cm編み(P.54スレッ
　ドコードの編み方参照)、マチの両サイドに縫い付け
　る(図A参照)。

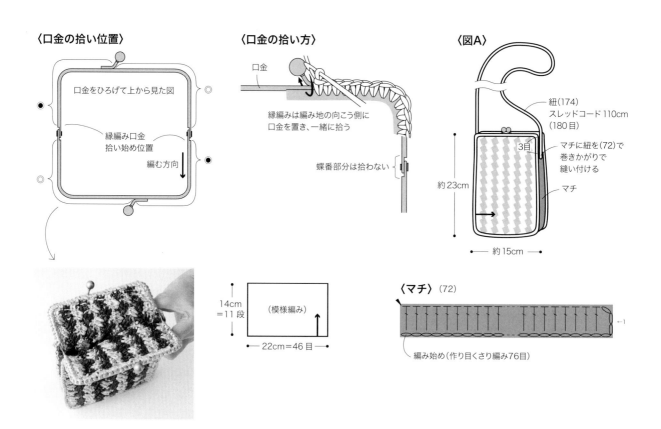

〈口金の拾い位置〉

口金をひろげて上から見た図

縁編み口金
拾い始め位置

編む方向

〈口金の拾い方〉

口金

縁編みは編み地の向こう側に
口金を置き、一緒に拾う

蝶番部分は拾わない

〈図A〉

紐(174)
スレッドコード 110cm
(180目)

3目

マチに紐を(72)で
巻きかがりで
縫い付ける

マチ

約23cm

約15cm

14cm
=11 段

(模様編み)

22cm=46目

〈マチ〉(72)

←1

編み始め(作り目くさり編み76目)

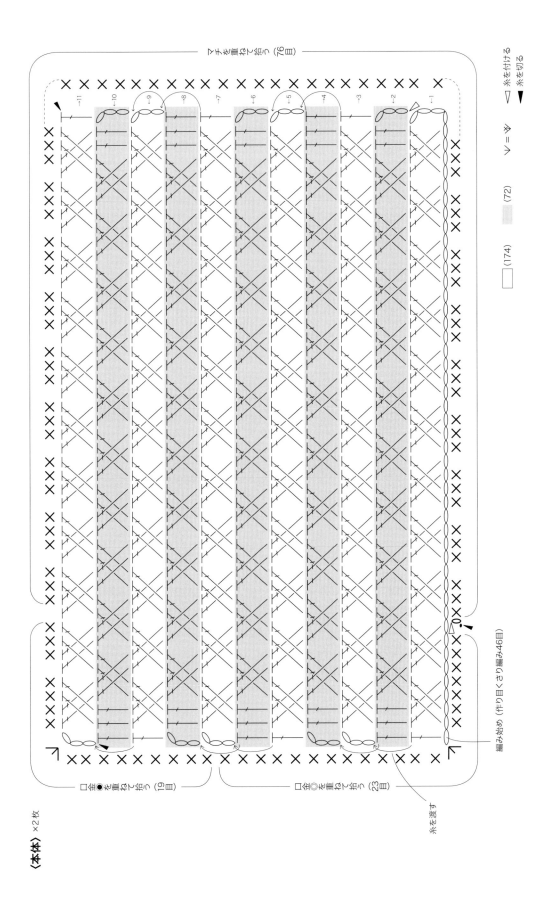

マチを重ねて拾う（76目）

→11
→10
→9
→8
→7
→6
→5
→4
→3
→2
→1

糸を付ける
糸を切る

∨ = ✕

□（174）

▨（72）

編み始め（作り目くさり編み46目）

□金●を重ねて拾う（19目）

□金◎を重ねて拾う（23目）

糸を渡す

〈本体〉×2枚

タッセル付きポシェット

マグネットホックで蓋を開閉するタイプ。ポケットも付いているので、
スマートフォンはもちろんカードや鍵、ティシュなどを分けて収納できます。

25 **24**

[使用糸] ハマナカ エコアンダリヤ
24/チェリー (37) 85g
25/プラチナ (174) 85g
[使用針] かぎ針5/0号、とじ針
[その他] Dカン(アンティーク 月形 12mm)2個、
マグネットホック(アンティーク
直径14mm)1組
[ゲージ] こま編み19目19段=10cm
[サイズ] 図B参照

[作り方]
糸は1本取りで編みます。
①前ポケットを編む。くさり編み24目で作り目をし、
往復編みで27段編む。
②前面を編む。くさり編み24目で作り目をし、往復編
みで33段編む。
③後面を編む。くさり編み24目で作り目をし、往復編
みで51段編む。

④マチを編む。くさり編み90目で作り目をし、往復編
みで3段編む。
⑤縁編みを2箇所編む。前ポケット、前面、マチの順に
上から重ねて、縁編みをしながら合わせる。後面と
マチも同様にこま編みで縁編みをしながら合わせ
る(縁編みの編み方参照)。
⑥Dカン用パーツを2枚編む。くさり編み2目で作り
目をし、往復編みで10段編む。図Aを参照し、Dカ
ン用パーツにDカンに通し、二つ折りにし、後面の
指定位置に縫い付ける。
⑦ショルダー紐を編む。くさり編み210目で作り目に、
こま編みとくさり編みで426目編み入れる。図A
を参照し、ショルダー紐をDカンに通し2.5cm折
り返して縫い付ける。
⑧前ポケットと後面にマグネットホックを縫い付け
る(図B参照)。
⑨タッセルを作り、後面のフラップ部分の縁編みに結
び付ける(タッセルの作り方参照)。

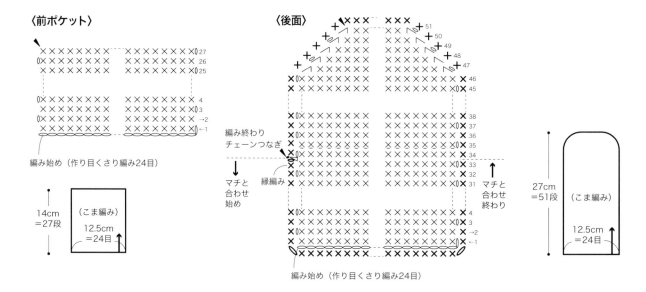

〈前ポケット〉

編み始め(作り目くさり編み24目)

14cm
=27段

(こま編み)

12.5cm
=24目

〈後面〉

編み終わり
チェーンつなぎ

マチと
合わせ
始め

縁編み

マチと
合わせ
終わり

編み始め(作り目くさり編み24目)

27cm
=51段

(こま編み)

12.5cm
=24目

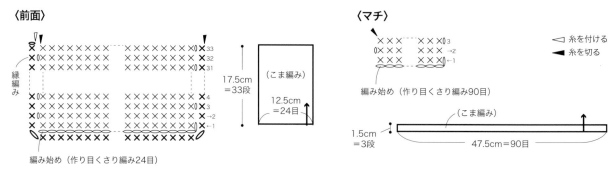

〈前面〉

縁編み

17.5cm
=33段

(こま編み)

12.5cm
=24目

編み始め(作り目くさり編み24目)

〈マチ〉

編み始め(作り目くさり編み90目)

1.5cm
=3段

(こま編み)

47.5cm=90目

▷ 糸を付ける
◀ 糸を切る

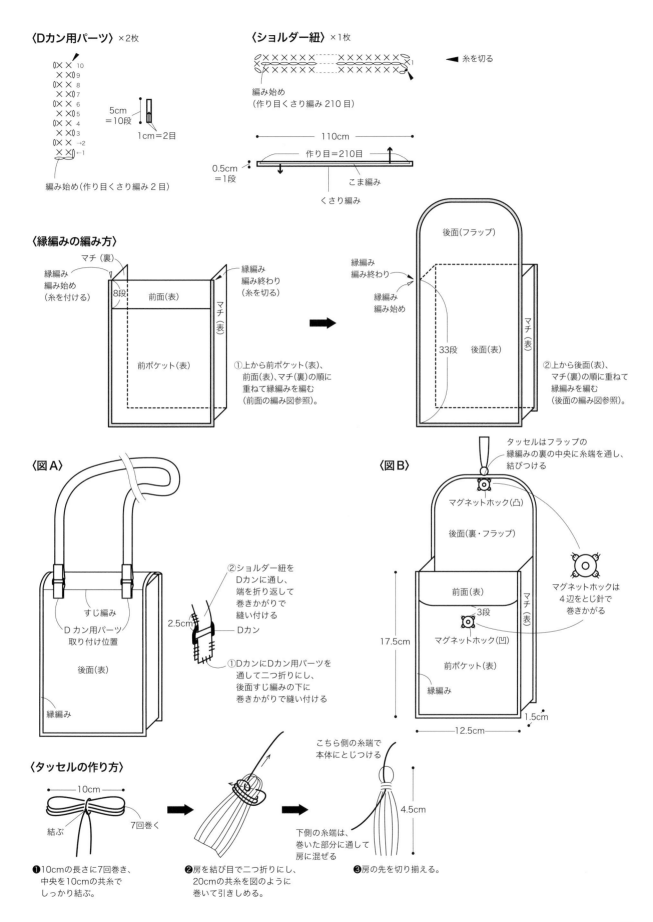

〈Dカン用パーツ〉×2枚

0×× 10
×× 0 9
0×× 8
×× 0 7
0×× 6
×× 0 5
0×× 4
×× 0 3
0×× →2
×× 0 ←1

5cm
=10段

1cm=2目

編み始め(作り目くさり編み2目)

〈ショルダー紐〉×1枚

編み始め
(作り目くさり編み210目)

糸を切る

110cm

作り目=210目

0.5cm
=1段

こま編み

くさり編み

〈縁編みの編み方〉

マチ(裏)

縁編み
編み始め
(糸を付ける)

8段

前面(表)

前ポケット(表)

マチ(表)

縁編み
編み終わり
(糸を切る)

①上から前ポケット(表)、
前面(表)、マチ(裏)の順に
重ねて縁編みを編む
(前面の編み図参照)。

後面(フラップ)

縁編み
編み終わり

縁編み
編み始め

33段 後面(表)

マチ(表)

②上から後面(表)、
マチ(裏)の順に重ねて
縁編みを編む
(後面の編み図参照)。

〈図A〉

すじ編み

Dカン用パーツ
取り付け位置

後面(表)

縁編み

②ショルダー紐を
Dカンに通し、
端を折り返して
巻きかがりで
縫い付ける

2.5cm

Dカン

①DカンにDカン用パーツを
通して二つ折りにし、
後面すじ編みの下に
巻きかがりで縫い付ける

〈図B〉

タッセルはフラップの
縁編みの裏の中央に糸端を通し、
結びつける

マグネットホック(凸)

後面(裏・フラップ)

前面(表)

マチ(表)

マグネットホックは
4辺をとじ針で
巻きかがる

3段

マグネットホック(凹)

前ポケット(表)

17.5cm

縁編み

12.5cm

1.5cm

〈タッセルの作り方〉

10cm

結ぶ

7回巻く

❶10cmの長さに7回巻き、
中央を10cmの共糸で
しっかり結ぶ。

❷房を結び目で二つ折りにし、
20cmの共糸を図のように
巻いて引きしめる。

こちら側の糸端で
本体にとじつける

下側の糸端は、
巻いた部分に通して
房に混ぜる

4.5cm

❸房の先を切り揃える。

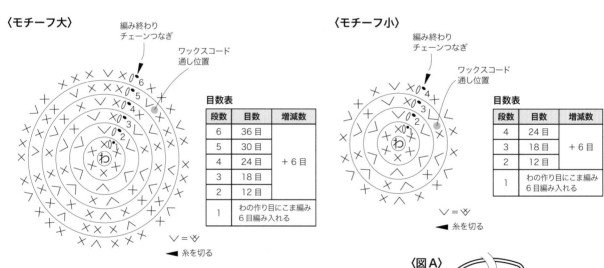

丸モチーフ付きポシェット

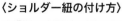

P.40

小さな2つのモチーフがアクセント。小ぶりながらもお出かけアイテムがしっかり収納できるので、これ1つでも、サブバッグとしても便利。

[使用糸] ハマナカ エコアンダリヤ
26/ 本体:レモンイエロー(11) 52g
　　モチーフ大:マリンブルー(72) 4g
　　モチーフ小:ピンク(32) 3g
27/ 本体:オレンジ(98) 52g
　　モチーフ大:マリンブルー(72) 4g
　　モチーフ小:ミント(902) 3g
28/ 本体:ピンク(32) 52g
　　モチーフ大:マリンブルー(72) 4g
　　モチーフ小:白(1) 3g
[使用針] かぎ針5/0号、とじ針
[その他] A・B・C共通　ワックスコード
　　(ベージュ直径約5mm) 130cm
[ゲージ] こま編み　17目19段=10cm
[サイズ] 図A参照

[作り方]
糸は1本取りで編みます。
①本体を編む。くさり編み2目の作り目を編み、編み図のとおりに往復編みで15段目まで編む。続けて、底の周りに16段目を編む。17段目から往復編みで52段目まで編み、引き抜き編みで53段目を編む。
②モチーフ大・小を各1枚編む。
③ショルダー紐を付ける。モチーフ取り付け部分は、ワックスコード通し位置で、本体編み地の裏面からコードを通し、モチーフ大・モチーフ小を通す。モチーフ小の外側でひと結びする。反対側は、本体編み地裏面の指定位置からワックスコード通し位置の上に通し、編み地表面から通し位置の下に通す。好みの長さに調整し、ポシェット内側でひと結びする(ショルダー紐の付け方参照)。

〈モチーフ大〉

編み終わり
チェーンつなぎ

ワックスコード
通し位置

目数表

段数	目数	増減数
6	36目	
5	30目	
4	24目	+6目
3	18目	
2	12目	
1	わの作り目にこま編み6目編み入れる	

∨=〰

◀ 糸を切る

〈モチーフ小〉

編み終わり
チェーンつなぎ

ワックスコード
通し位置

目数表

段数	目数	増減数
4	24目	
3	18目	+6目
2	12目	
1	わの作り目にこま編み6目編み入れる	

◀ 糸を切る

〈ショルダー紐の付け方〉

ワックスコード通し位置にコードを通し、ひと結びすると内側と外側それぞれに結び目がくる

〈図A〉

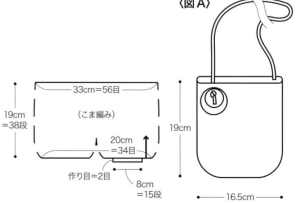

33cm=56目
(こま編み)
19cm=38段
20cm=34目
作り目=2目
8cm=15段
19cm
16.5cm

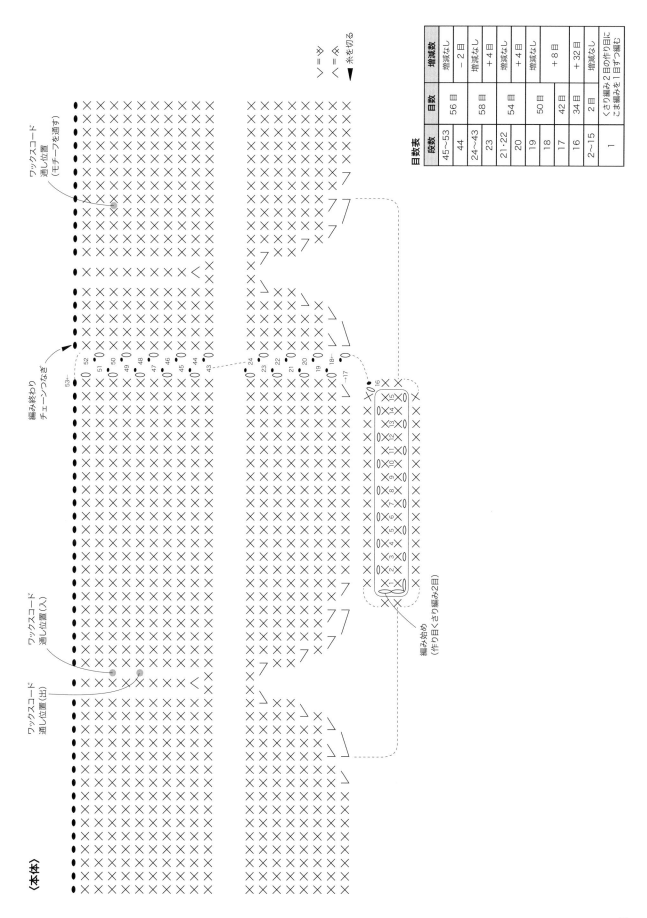

〈本体〉

ワックスコード
通し位置（出）

ワックスコード
通し位置（入）

ワックスコード
通し位置
（モチーフを通す）

編み終わり
チェーンつなぎ

編み始め
（作り目くさり編み2目）

V = 火
人 = 火
▶ 糸を切る

チェック模様のスクエアバッグ

P.42

3色の糸でチェック柄に編み込んだペタンコバッグ。
大人っぽい配色と、シンプルな正方形の形がポイントです。

29

[使用糸] ハマナカ エコアンダリヤ
　　　　　ライトブラウン(15) 35g、
　　　　　グリーン(17) 20g、
　　　　　マリンブルー(72) 20g
[使用針] かぎ針6/0号、とじ針
[ゲージ] 模様編み 19目15段=10cm
[サイズ] 図B参照

[作り方]
糸は1本取りで編みます。
①本体を編む。くさり編み40目で作り目に、こま編みを84目編み入れ、編み図のとおりに30段編む。
②持ち手を編む。編み始めの糸端を15cm残してくさり編みを70目編み、編み終わりも糸を15cm残して切る。同じものをあと2つ、合計3つ編む。3つを束ねて三つ編みをし、持ち手を作る。同じものをもう1つ作る(持ち手の作り方参照)。
③本体を裏に返し、図Aを参照して、入り口の指定位置に持ち手を縫い付ける。

〈本体〉

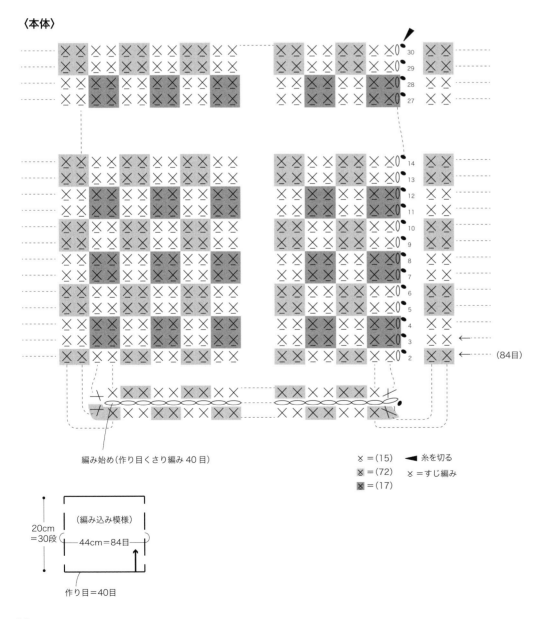

編み始め(作り目くさり編み 40目)

× =(15)　◀ 糸を切る
× =(72)　× =すじ編み
× =(17)

20cm
=30段

(編み込み模様)
44cm=84目

作り目=40目

〈持ち手〉(2本分)×6本(15)

38cm=70目

編み始めと編み終わりの
糸端を15cm残す

〈持ち手の作り方〉

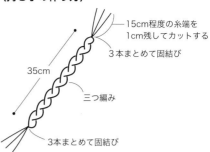

15cm程度の糸端を
1cm残してカットする

3本まとめて固結び

35cm

三つ編み

3本まとめて固結び

〈図A〉

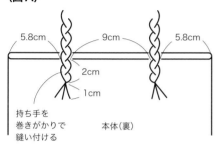

5.8cm　9cm　5.8cm

2cm

1cm

持ち手を
巻きがかりで
縫い付ける

本体(裏)

〈図B〉

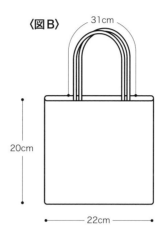

31cm

20cm

22cm

31

30

ミニミニサークルポシェット

P.43

直径約10cmの小さなポシェット。鍵、小銭、リップクリームなどが入ります。
ペンダントやチャームのようにアクセサリー感覚で使うのがおすすめ。

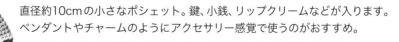

[使用糸]　ハマナカ エコアンダリヤ
　　　　　30/チェリー (37) 12g、白(1) 2g、
　　　　　レトロブルー(66) 2g
　　　　　31/レトロブルー(66) 12g、白(1) 2g、
　　　　　チェリー(37) 2g

[使用針]　かぎ針5/0号、とじ針、縫い針

[その他]　ワックスコード(白 3mm)75cm×2本、
　　　　　丸カン (シルバー 1.2×8mm)2個

[ゲージ]　こま編み10目14段=5cm

[サイズ]　図B参照

[作り方]

糸は1本取りで編みます。

①本体を編む。くさり編み5目で作り目をし、17段目
まで編む。

②18段目の3〜15目にくさり編み13目で開け口を作
り、続けて24段目まで編む。

③丸カン付け位置に丸カンを付け、ひと結びしたワッ
クスコードを通す(図A参照)。

＊P.84に続く

〈本体〉

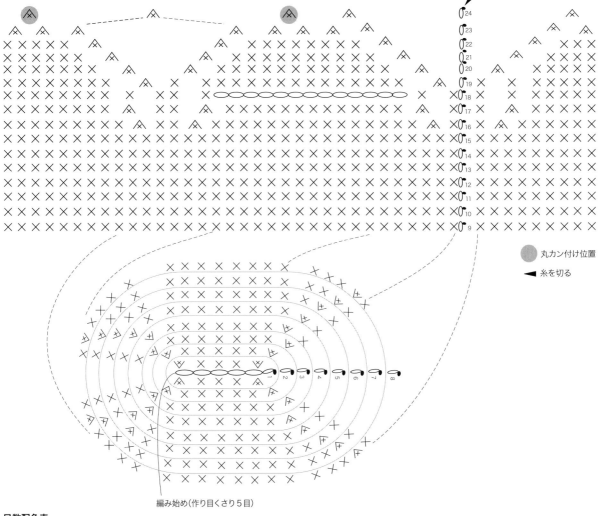

● 丸カン付け位置

◀ 糸を切る

編み始め(作り目くさり5目)

目数配色表

段数	目数	増減数	配色
24	5目	−5目	
23	10目	−10目	
22	20目	−4目	
21	24目	−4目	
20	28目	−4目	(37) / (66)
19	32目	−2目	
18	34目	増減なし	
17	34目	−4目	
16	38目	−4目	
10～15	42目	増減なし	
9	42目	増減なし	(1)
8	42目	+4目	(66) / (37)
7	38目	+4目	
6	34目	+4目	(1)
5	30目	+4目	
4	26目	+4目	(37) / (66)
3	22目	+4目	
2	18目	+4目	
1	14目		
くさり5目の作り目			

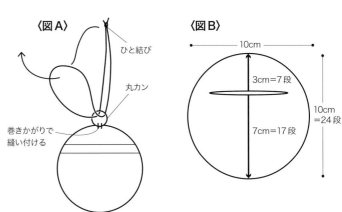

〈図A〉

ひと結び

丸カン

巻きかがりで
縫い付ける

〈図B〉

10cm

3cm=7段

7cm=17段

10cm
=24段

がま口レインボーバッグ

パーツごとに7色の糸で編み分けたカラフルバッグ。
大きく口が開くがま口と、同じく7色を使ったショルダー紐もインパクト抜群です。

33

ショルダー紐

【使用糸】 本体:ハマナカ エコアンダリヤ
チェリー(37) 60g、
キャンディピンク(46) 30g、
レトロブルー(66) 30g、
オレンジ(98) 35g、
グリーン(17) 35g、
レモンイエロー(11) 10g、
マリンブルー(72) 25g
ショルダー紐:ハマナカ エコアンダリヤ
チェリー(37) 5g、
キャンディピンク(46) 7g、
レトロブルー(66) 5g、オレンジ(98) 5g、
グリーン(17) 5g、
レモンイエロー(11) 7g、
マリンブルー(72) 5g
【使用針】 かぎ針6/0号、とじ針
【その他】 ハマナカ 編みつける口金(H207-019-4

アンティーク 18cm)1個
ハマナカキャンバス(H202-226-1 白)1枚、
Dカン(アンティーク 幅3cm)2個、ナスカン
付きDカン(アンティーク 幅3cm)2個、
リュックカン(アンティーク 幅3cm)1個
【サイズ】 図C参照

【作り方】
糸は1本取りで編みます。
①底を編む。くさり編み4目の作り目に、こま編みとくさり編みで18目編み入れ、編み図のとおりに16段目まで編む。これを2枚編み、こま編み(太線)ではぐ。途中キャンバスを差し込む(底の作り方参照)。
②側面を編む。2種類2パターンずつ編む(側面A、B参照)。
③持ち手とショルダー紐を作る。各作り方を参照し、持ち手を2本、紐1本作る。
④各パーツを組み立てる(組み立て方参照)。

〈底の作り方〉
❶ハマナカキャンバスを指定のサイズにカットする。
❷底を編み図のとおりに16段まで2枚編む。
❸❷を外表に合わせ、全目を拾い周りをこま編みではぐ。途中糸を休ませ、❶を挟み込む。

〈底〉×2枚 (16段まで (37))

こま編みはぎ1 (全目、外表)
編み終わり チェーンつなぎ

糸を休ませて
キャンバスを挟み込む

編み始め (作り目くさり編み4目)

◀ 糸を切る

36マス

キャンバス (ネット)

40マス

側面目数表

段数	目数	増減数
16	138目	
15	130目	
14	122目	
13	114目	
12	106目	
11	98目	
10	90目	
9	82目	8目増
8	74目	
7	66目	
6	58目	
5	50目	
4	42目	
3	34目	
2	26目	
1	18目編み入れる	
作り目	くさり編み4目	

＊P.86に続く

〈側面A〉×各1枚 (46)、(98)

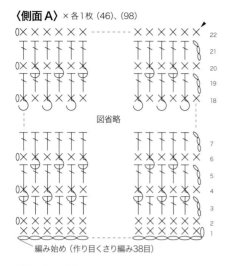

22
21
20
19
18

図省略

7
6
5
4
3
2
1

編み始め（作り目くさり編み38目）

〈側面B〉×各1枚 (66)、(17)

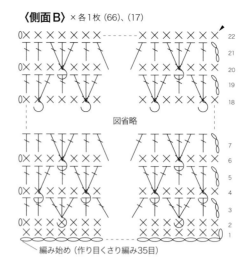

22
21
20
19
18

図省略

7
6
5
4
3
2
1

編み始め（作り目くさり編み35目）

〈組み立て方〉
❶底と側面を図Aのように外表に配置し、接する面（━ 部分）の全目を拾い、こま編みで146目はぐ。
❷編み地を中表に合わせ、図Aの合印の全目を拾い、こま編みではぐ。
❸編み地を表に返し、図Bを参照し、口金も一緒に拾いながら縁編みする。
❹持ち手取り付け位置に持ち手を縫い付ける。

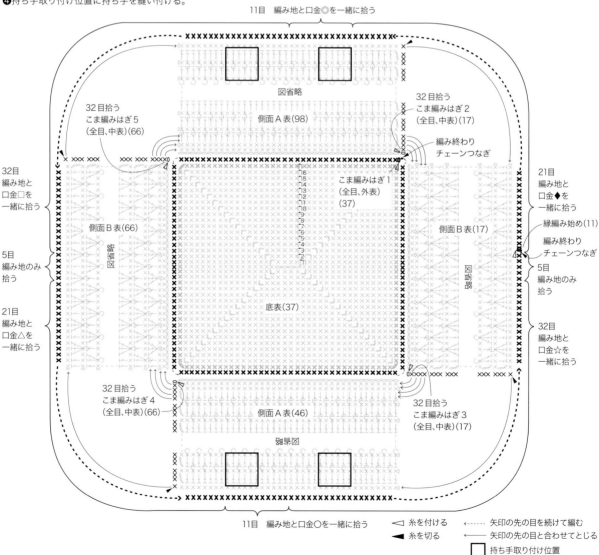

11目　編み地と口金◎を一緒に拾う

32目拾う
こま編みはぎ5
（全目、中表）(66)

側面A表(98)

32目拾う
こま編みはぎ2
（全目、中表）(17)

編み終わり
チェーンつなぎ

32目
編み地と
口金□を
一緒に拾う

側面B表(66)

図省略

こま編みはぎ1
（全目、外表）
(37)

側面B表(17)

21目
編み地と
口金◆を
一緒に拾う

縁編み始め(11)

編み終わり
チェーンつなぎ

5目
編み地のみ
拾う

底表(37)

5目
編み地のみ
拾う

21目
編み地と
口金△を
一緒に拾う

32目
編み地と
口金☆を
一緒に拾う

32目拾う
こま編みはぎ4
（全目、中表）(66)

側面A表(46)

32目拾う
こま編みはぎ3
（全目、中表）(17)

図省略

11目　編み地と口金〇を一緒に拾う

◁ 糸を付ける
◀ 糸を切る

┈┈▶ 矢印の先の目を続けて編む
━━ 矢印の先の目と合わせてとじる
□ 持ち手取り付け位置

86

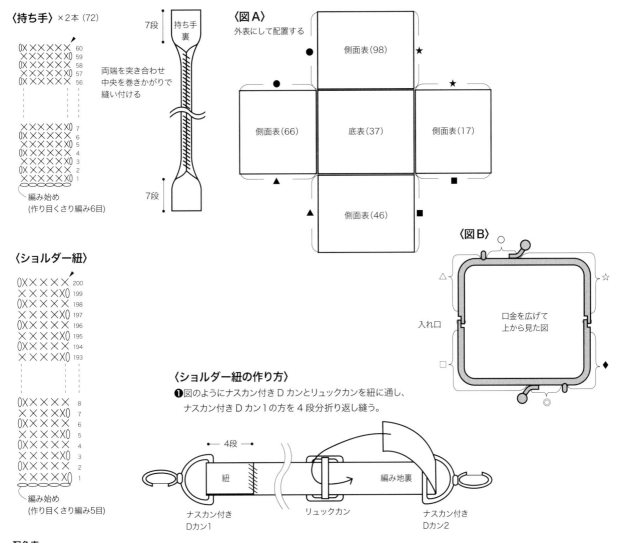

〈持ち手〉×2本 (72)

7段　持ち手裏

両端を突き合わせ
中央を巻きかがりで
縫い付ける

60
59
58
57
56

7
6
5
4
3
2
1

編み始め
(作り目くさり編み6目)

7段

〈図A〉
外表にして配置する

	側面表(98)	★
側面表(66)	底表(37)	側面表(17)
▲		■
▲	側面表(46)	■

〈図B〉

○

△　　　　　　　☆

入れ口

口金を広げて
上から見た図

□　　　　　　　◆

〈ショルダー紐〉

200
199
198
197
196
195
194
193

8
7
6
5
4
3
2
1

編み始め
(作り目くさり編み5目)

配色表

段数	配色
166〜200	(11)
136〜165	(72)
106〜135	(66)
91〜105	(17)
51〜90	(46)
21〜50	(98)
1〜20	(37)
作り目	

〈ショルダー紐の作り方〉

❶図のようにナスカン付きDカンとリュックカンを紐に通し、
　ナスカン付きDカン1の方を4段分折り返し縫う。

4段

紐

編み地裏

ナスカン付き
Dカン1

リュックカン

ナスカン付き
Dカン2

❷図のようにリュックカンに紐を通し、4段分折り込み上の紐に縫う。

4段

紐

3cm

ナスカン付き
Dカン1

リュックカン

ナスカン付き
Dカン2

55cm〜106cm

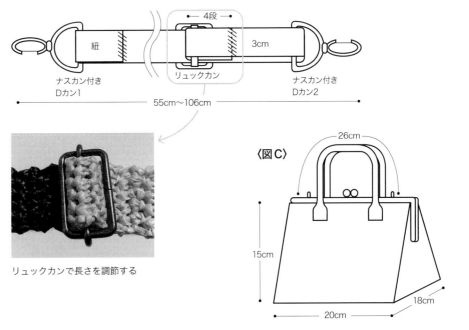

リュックカンで長さを調節する

〈図C〉

26cm

15cm

20cm

18cm

2wayバッグ

P.44

取り外せるショルダー紐付きのバッグ。
存在感のある持ち手と、こま編みのうね編みの縦ラインの模様が印象的です。

[使用糸] ハマナカ エコアンダリヤ
　　　　 レトロイエロー(69) 150g
[使用針] かぎ針8/0号、とじ針
[その他] Dカン(アンティーク 月形 15mm) 2個、
　　　　 ナスカン(アンティーク 13mm) 2個
[ゲージ] 模様編み 12目12段=10cm
[サイズ] 図A参照

[作り方]
糸はすべて2本取りで編みます。
①本体を編む。くさり編み51目で作り目をし、往復編みで20段編む。
②マチを2枚編む。くさり編み3目で作り目をし、往復編みで24段編む。

③縁編みを二箇所編む。図Aを参照し、本体とマチを重ね、重なっている部分をこま編みで縁編みを編む。
④Dカン用パーツを2枚編む。くさり編み2目で作り目をし、往復編みで8段編む。図Aを参照し、Dカン用パーツにDカンを通し、二つ折りにし、マチの指定位置2箇所に縫い付ける。
⑤持ち手を2枚編む。くさり編み43目で作り目にこま編みを90目編み入れ、2段編む。長辺同士を合わせて巻きかがる(図B参照)。持ち手を本体の指定位置に縫い付ける(図A参照)。
⑥ショルダー紐を編む。エビコードを108cm編む(エビコードの編み方参照)。ナスカンにエビコードを通し、3cm折り返して縫い付ける(図A参照)。ナスカンとDカンを取り付ける。

32

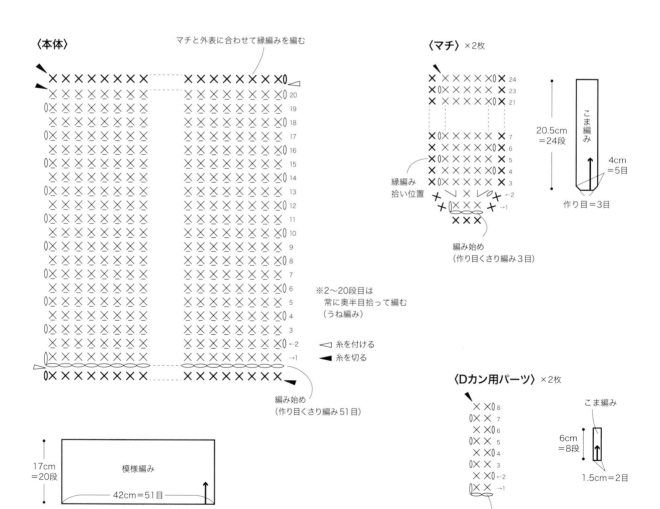

〈本体〉　マチと外表に合わせて縁編みを編む

※2〜20段目は常に奥半目拾って編む(うね編み)

◁ 糸を付ける
◀ 糸を切る

編み始め(作り目くさり編み51目)

17cm=20段　模様編み　42cm=51目

〈マチ〉×2枚

縁編み拾い位置

編み始め(作り目くさり編み3目)

20.5cm=24段　こま編み　4cm=5目　作り目=3目

〈Dカン用パーツ〉×2枚

こま編み　6cm=8段　1.5cm=2目

編み始め(作り目くさり編み2目)

〈持ち手〉×2枚

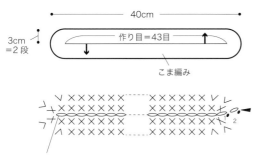

40cm

3cm
=2段

作り目＝43目

こま編み

編み始め（作り目くさり編み 43目）

〈図B〉

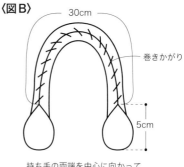

30cm

巻きかがり

5cm

持ち手の両端を中心に向かって
外表に折り、とじ針で巻きかがる

〈図A〉

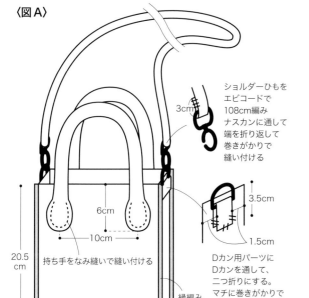

3cm

ショルダーひもを
エビコードで
108cm編み
ナスカンに通して
端を折り返して
巻きがかりで
縫い付ける

6cm

10cm

持ち手をなみ縫いで縫い付ける

20.5
cm

縁編み

6cm

17cm

3.5cm

1.5cm

Dカン用パーツに
Dカンを通して、
二つ折りにする。
マチに巻きがかりで
縫い付ける

〈エビコードの編み方〉

1

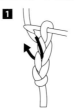

くさり2目編み
1目めの半目と裏山に
針を入れる

2

針に糸をかけ
引き出す

3

針に糸をかけ2ループ
引き抜く（こま編み）

4

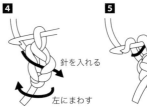

針を入れる

左にまわす

矢印の位置に針を入れ
編み地を左にまわす

5

針に糸をかけ
引き出す

6

針に糸をかけ2ループ
引き抜く（こま編み）

7

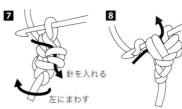

針を入れる

左にまわす

矢印の位置に針を入れ
編み地を左にまわす

8

こま編みを編む

9

1模様

7～**8**をくり返す

89

34

35

まんまるバッグ

P.48

マチと持ち手にキャンバスを挟み込んでいるので、しっかりとした仕上がり。
Dカン付きなので、作品33のショルダー紐なども流用できます。

［使用糸］ 34/ハマナカ エコアンダリヤ
チェリー(37) 120g
35/ハマナカ エコアンダリヤ
マリンブルー(72) 75g、
36/ハマナカ エコアンダリヤ《ミックスカラー》
ブルー系(269) 50g
［使用針］ かぎ針6/0号、とじ針
［その他］ ハマナカキャンバス(H202-226-1 白)1枚、
ファスナー(A:赤・B:紺)20cm、
Dカン(アンティーク 幅3cm)各2個、縫い糸
［ゲージ］ だ円でのこま編み10段=15cm×10cm
［サイズ］ 図A参照

［作り方］
糸は1本取りで編みます。
①側面を編む。くさり編み15目の作り目にこま編み
32目を編み入れ、編み図のとおりに15段目まで編
む。これを2枚編む。
②マチを作る(マチの作り方参照)。
③持ち手を作る(持ち手の作り方参照)。
④側面とマチを中表にし、こま編みではぐ(組み立て
方参照)。
⑤持ち手をマチになみ縫いで縫い付ける(マチの作り
方参照)。

〈側面〉×2枚 (34(37) 35(269))

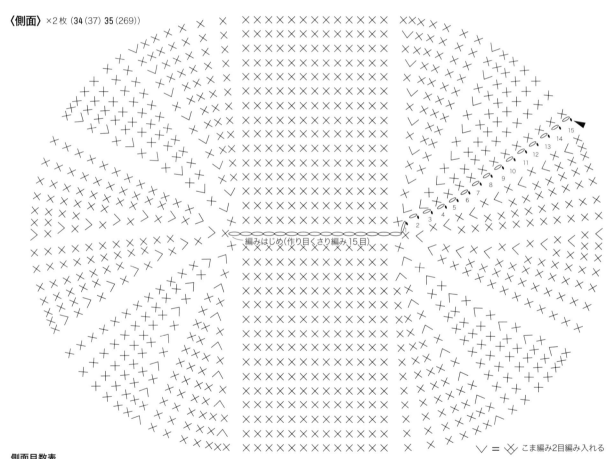

編みはじめ(作り目くさり編み15目)

∨ = ⋋⋌ こま編み2目編み入れる

側面目数表

段数	目数	増減数	段数	目数	増減数
15	116目		7	68目	
14	110目		6	62目	
13	104目		5	56目	
12	98目	6目増	4	50目	6目増
11	92目		3	44目	
10	86目		2	38目	
9	80目		1	32目編み入れる	
8	74目		作り目	15目	

〈マチの作り方〉

❶キャンバスを図のようにカットし、マチの糸色で巻きかがる。

❷マチを編み図のとおり2枚編む。

❸❷を外表に合わせ、周りは全目を拾いこま編みではぐ。途中糸を休ませ、❶を挟み込む。

❹ファスナーを裏にし、❸の裏になみ縫いで縫い付ける。

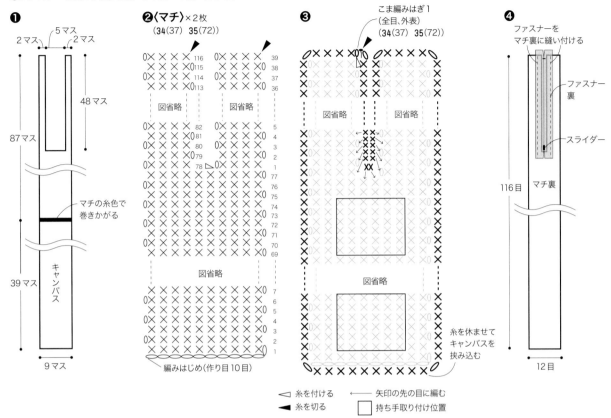

◁ 糸を付ける　　　　←── 矢印の先の目に編む

▲ 糸を切る　　　　　□ 持ち手取り付け位置

〈持ち手の作り方〉

❶ハマナカキャンバスを図のようにカットする。

❷マチを編み図のとおり2枚編む。

❸❷を外表に合わせ、周りは全目を拾いこま編みではぐ。
　途中糸を休ませ❶を挟み込む。
　続けてDカン取り付けパーツを編む。

❹DカンをDカン取り付けパーツに挟み、
　図の位置に巻きかがりで縫い付ける。

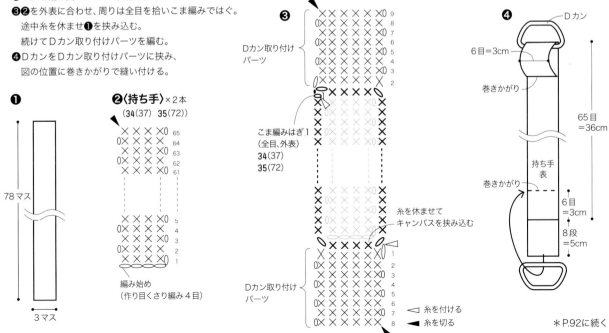

◁ 糸を付ける

▲ 糸を切る

＊P.92に続く

〈組み立て方〉

❶ マチと側面を中表に合わせ、
全目を拾い、こま編みで116目はぐ。

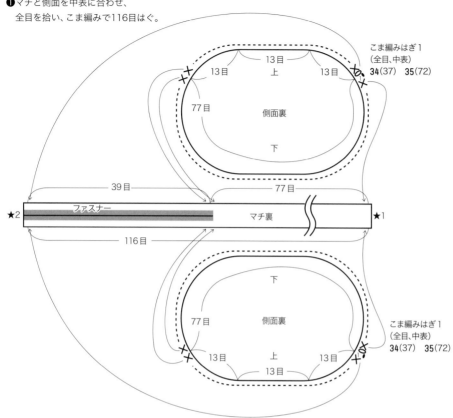

こま編みはぎ1
（全目、中表）
34(37)　**35**(72)

13目　13目　13目
上
77目　側面裏
下

39目
ファスナー
★2　マチ裏　★1
116目
77目

下
側面裏
77目　上
13目　13目
13目

こま編みはぎ1
（全目、中表）
34(37)　**35**(72)

❷ ファスナーを開け、表に返す。
★1と★2（上図参照）の辺を合わせ、
★1を上にし、巻きかがりでとじる。

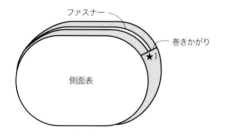

ファスナー
巻きかがり
★1
側面表

〈図A〉

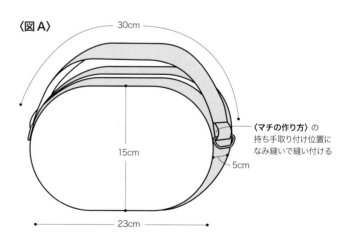

30cm

15cm

23cm

5cm

〈マチの作り方〉の
持ち手取り付け位置に
なみ縫いで縫い付ける

編み記号表 本書で使用している主な編み記号です。

引き抜き編み 前段の目に針を入れ、糸をかけ引き抜く。

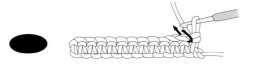  

くさり編み 針に糸を巻き付け、糸をかけ引き抜く。

こま編み 立ち上がりのくさり1目は目数に入れず、上半目に針を入れ糸を引き出し、糸をかけ2ループを引き抜く。

すじ編み 前段の奥半目に針を入れ、以降はこま編みと同じ。

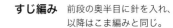

立ち上がり1目　　上半目に針を入れる

バックこま編み 編み地の向きはそのままで、左から右へこま編みを編み進める。

    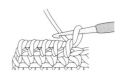

こま編み2目編み入れる 同じ目にこま編み2目を編み入れる。

 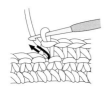  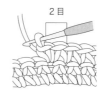

2目　　　　　　1目増

こま編み2目一度 1目めに針を入れ糸をかけて引き出し、次の目も引き出し、3ループを一度に引き抜く。

  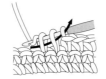 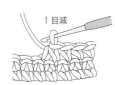

1目減

中長編み　針に糸をかけ引き出し、さらに糸をかけ3ループを一度に引き抜く。

1回巻く

台の目　立ち上がり2目

中長編みのすじ編み　前段の目の奥側半目に針を入れ、中長編みを編む。

長編み　針に糸をかけ引き出し、さらに糸をかけ2ループ引き抜くを2回繰り返す。

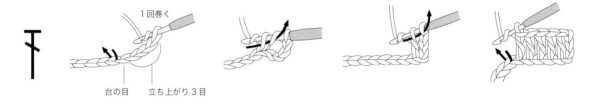

1回巻く

台の目　立ち上がり3目

長々編み　針に2回糸をかけ1本引き出し、さらに1回糸をかけ2ループ引き抜くを3回繰り返す。

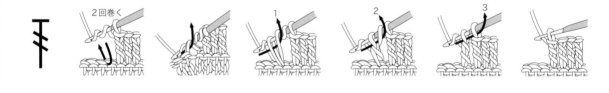

2回巻く

1　2　3

長編み3目編み入れる
同じ目に長編み3目を編み入れる。

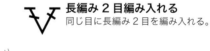 **長編み2目編み入れる**
同じ目に長編み2目を編み入れる。

長編み2目一度　矢印の位置に未完成の長編みを2目編み、糸をかけ一度に引き抜く。

こま編みの表引き上げ編み　前段の目の足を手前からすくい、こま編みを編む。

  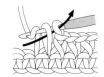 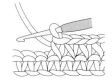

長編みの表引き上げ編み
前段の目の足を手前からすくい、長編みを編む。

長々編みの表引き上げ編み
 前段の目の足を手前からすくい、長々編みを編む。

中長編み3目の玉編み　同じ目に未完成の中長編み3目を編み入れ糸をかけ一度に引き抜く。

   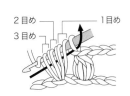 

長編み5目のパプコーン編み
同じ目に長編み5目を編み入れたら一度かぎ針をはずす。※矢印のように針を入れ直し、引き抜く。くさり編みを1目編む。

   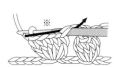 

くさり3目のピコット編み　くさり3目を編み矢印のように針を入れ、一気に引き抜く。

チェーンつなぎ
編み終わりの目の糸を引き出し、とじ針で編みはじめの目に通す。
編み終わりの目へ戻し裏で糸の始末をする。

巻きかがり
とじ針で、つなぎたい部分の目をすくう。

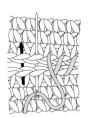

編集	武智美恵
デザイン	伊藤智代美
撮影	サカモトタカシ
進行	古池日香留

制作協力	櫟 絢子
トレース	ミドリノクマ
校正	小鳥山いん子、ミドリノクマ

ヘアメイク	福留絵里
モデル	福山ゆうみ

作品製作	金子紡希、KiiTEEKiiTEEKiiTEE、小鳥山いん子 高際有希、blanco、ミドリノクマ、Miya、Riko リボン

衣装協力	Hholic https://h-holic.com

素材提供	ハマナカ株式会社 京都市右京区花園薮ノ下町2番地の3　FAX 075-463-5159 ハマナカコーポレートサイト hamanaka.co.jp メールアドレス info@hamanaka.co.jp

かぎ針編みの35作品

エコアンダリヤのカラフルなミニバッグ

2023年3月20日　　発　行　　　　　　　　NDC 594

編　　　者	誠文堂新光社
発　行　者	小川雄一
発　行　所	株式会社 誠文堂新光社 〒113-0033 東京都文京区本郷3-3-11 電話 03-5800-5780 https://www.seibundo-shinkosha.net/
印刷・製本	図書印刷 株式会社

ISBN978-4-416-52379-7